DER KLEINE WELTRETTER

Impressum

1. Auflage 2014

Alle Rechte vorbehalten.
© rap verlag / R.A.P. Presse-Verlag-Werbung GmbH, Freiburg im Breisgau

Herausgeberin:	Rieke Kersting
Redaktion:	Philipp Appenzeller, Paul Dreßler, Anna Maxine von Grumbkow, Rieke Kersting, Madeleine Menger und Katharina Schäfer
Lektorat & Satz:	rap verlag
Grafik:	www.gudrunbarthdesign.com
Druck:	oeding print GmbH, Braunschweig
Kontakt:	kontakt@rap-verlag.de

ISBN: 978-3-942733-27-4

FSC RECYCLED Papier aus Recyclingmaterial www.fsc.org FSC® C118370

ClimatePartner°
klimaneutral
Druck | ID: 11339-1411-1008

Printed in Germany

DER KLEINE WELTRETTER

Herausgegeben von Rieke Kersting

Redaktion:
Philipp Appenzeller, Paul Dreßler, Anna Maxine von Grumbkow,
Rieke Kersting, Madeleine Menger und Katharina Schäfer

Testleser:
Anton Schäfer (9 Jahre)

Inhalt

Unsere Erde und wir

Unsere Erde ist kostbar

Die Erde, auf der wir leben, ist etwas ganz Besonderes. Sie stellt uns viele Dinge zur Verfügung, die wir nutzen können. Dazu gehören zum Beispiel Wasser, Boden und Luft, aber auch Erdöl, Bodenschätze, Holz oder Fische.

Einige dieser Dinge gibt es nur in einer bestimmten Menge, wie Erdöl oder Gold. Das macht sie besonders wertvoll. Wenn wir uns aber immer weiter an ihnen bedienen, sind sie irgendwann weg. Das ist im Prinzip wie bei einer riesigen Packung Kekse – die hält zwar lange, ist aber irgendwann leer.

Doch die Natur schenkt uns auch Dinge, die nachwachsen und die wir deshalb immer wieder neu nutzen können. Dazu gehören Trinkwasser, Holz, Pflanzen, Boden und Fische.

Wie gehen wir mit der Erde um?

Allerdings können wir die Kostbarkeiten, die nachwachsen, nur dann unbegrenzt nutzen, wenn wir nicht übermäßig viel davon verbrauchen. Kurz gesagt: Man darf nur so viel verbrauchen, wie neu entstehen kann. Das nennt man Nachhaltigkeit*.

Wenn wir Menschen zum Beispiel zu viele Fische essen, können zu wenige Nachkommen kriegen und dann gibt es immer weniger Fische. Wird so viel Wald abgeholzt, dass nicht genug nachwachsen kann, gibt es auf der Erde immer weniger Wald und so weiter.

*Was bedeutet Nachhaltigkeit?

Nachhaltigkeit bedeutet, dass man nur so viel von den natürlich vorkommenden Dingen verbraucht, dass genug übrig bleibt. Wenn man also zum Beispiel nur so viel Grundwasser entnimmt, wie durch Regen nachregnet, oder nur so viele Fische fängt, dass ihre Zahl insgesamt nicht kleiner wird.

Es ist also ganz wichtig, dass wir rücksichtsvoll mit unserer Erde und mit dem, was sie uns zur Verfügung stellt, umgehen. Das gelingt den Menschen leider nicht immer und deswegen geht es unserer Umwelt nicht besonders gut: Auf der Erde wird es immer wärmer, viele Tierarten sterben aus, Müllberge wachsen und giftige Stoffe belasten den Boden und die Gewässer.

Das liegt auch an vielem, was wir Menschen so tun, zum Beispiel Auto fahren, Kleidung kaufen oder Essen kochen. All das hat Auswirkungen auf die Umwelt.

Wenn dein Vater oder deine Mutter dich zum Beispiel mit dem Auto zur Schule fahren, werden dabei Abgase ausgestoßen, die die Luft und das Klima* belasten. Und auch, wenn du zum Beispiel im Frühling einen Apfel isst, musste der erst einen weiten Weg zurücklegen, da zu dieser Zeit keine Äpfel in Deutschland wachsen. Oder er lag den ganzen Winter über gekühlt in einem Lager. Beides verbraucht viel Energie und hat damit Auswirkungen auf die Umwelt.

*Was ist das Klima?

Im Sommer ist es bei uns heiß, im Winter ziemlich eisig. Am Nordpol aber herrscht immer frostige Kälte und auf Kuba ist es immer warm. Die Jahreszeiten, die verschiedenen Wetterlagen und Temperaturen: Das alles ist Teil unseres Klimas. Die Meere, die Kontinente und die Atmosphäre beeinflussen das Klima an einem Ort und sorgen dafür, dass es überall auf der Welt unterschiedlich ist. Der Begriff Klima bezeichnet also alle Wettervorgänge an einem Ort oder in einer Gegend, die über einen längeren Zeitraum in einer bestimmten Abfolge auftreten.

Du siehst also, jeder kleine Schritt, den du tust, hat auch eine Bedeutung für deine Umwelt.

Das Tolle daran ist aber, dass du schon mit kleinen Schritten ganz viel verändern kannst: Du und alle anderen Kinder können mithelfen, dass es unserem Planeten besser geht. In diesem Buch lernst du deshalb nicht nur viel über unsere Umwelt, die Zusammenhänge und die Probleme, die es gibt. Du bekommst vor allem ganz viele Ideen, wie du mithelfen kannst, die Welt zu retten!

Dieses Buch hat zwei Teile

1. Wie geht es unserer Welt?

Im ersten Teil dieses Buches wollen wir dir zeigen, wie es der Umwelt geht und wo die größten Schwierigkeiten sind. Das kann manchmal, vor allem, wenn du alles am Stück liest, ganz schön traurig machen oder dir vielleicht sogar ein wenig Angst einjagen. Aber lass dich auf keinen Fall entmutigen! Jeder kann etwas tun, damit es unserer Erde besser geht, du musst einfach nur damit anfangen. Deshalb findest du zwischendurch in der Erste-Hilfe-Box immer direkt ein paar Ideen, die du umsetzen kannst, um unserer Erde zu helfen.

Und du bist auch nicht alleine damit, weil sich schon ganz viele Menschen für den Umweltschutz und das Klima engagieren.

2. Jetzt bist du dran!

Im zweiten Teil des Buches geht es dann ganz intensiv darum, was ihr Kinder im Alltag tun könnt, um Weltretter zu sein. Willst du also lieber gleich ein paar tolle Ideen bekommen, wie du der Umwelt helfen kannst, dann fang doch gleich auf Seite 100 mit dem Lesen an.

Bevor es richtig losgeht, solltest du aber noch ein paar ganz besondere Tierchen kennenlernen …

„Hallo, wir sind die Asselbande!"

Manche finden uns Asseln ja eklig. Wenn sie uns das erste Mal unter einem Stein oder einem Stück Baumrinde finden, schreien sie „Iiiih!" und nennen uns „Ungeziefer". Pah, die haben doch gar keine Ahnung! Denn wir Asseln sind richtig kluge und nützliche Tiere. Wir machen aus alten Blättern, Nadeln, Gemüse- und Pflanzenabfällen fruchtbaren Boden, auf dem wieder viele neue Pflanzen wachsen können. Wir sind also ganz wichtig für einen gesunden Boden und tun viel für die Umwelt.

Unsere Familie ist riesig. Von der Kellerassel über die Mauerassel bis zur Wasserassel gibt es über 10.000 Asselarten. Wir leben an Land und im Wasser. Hier führen wir ein aufregendes Leben. Wenn wir doch einmal Angst haben, dann rollen wir uns ein. Zum Beispiel, wenn du uns mit den Fingern vom Boden aufheben willst.

Außerdem gibt es uns schon sooo lange auf der Erde, dass wir uns bestens mit unserem Planeten auskennen und einfach den Durchblick haben. Deshalb helfen wir dir als Umwelt-Experten, immer wenn es kniffelig wird, und geben dir außerdem tolle Tipps, mit denen du selbst jeden Tag ein bisschen die Welt retten kannst!

Auf den nächsten 2 Seiten stellen wir uns dir noch einmal ganz persönlich vor. Denn auch wenn wir alle Asseln sind, sind wir natürlich nicht alle gleich.

Unsere Familie

Asselinchen

Ich mache zwar noch in die Windeln, bin aber trotzdem schon ganz schlau und kann dir viele komplizierte Sachen erklären. Wenn ich mit meinen bunten Bauklötzen spiele oder mir den Bauch mal wieder so richtig mit saftigen Blättern vollgeschlagen habe, grinse ich ganz glücklich und zufrieden.

Aber wehe, jemand kommt auf die Idee, mir meinen Kuschelhasen wegzunehmen! Dann ist was los und ich weine, schreie und strampele wie eine wild gewordene Assel.

Assel Arne

Eigentlich bin ich ein bisschen schüchtern und stelle mich nicht so gerne vor, aber für dich mache ich mal eine Ausnahme. Hoffentlich werde ich nicht wieder rot.

Ich bin der große Bruder von Annika und Asselinchen. Ich zeichne gerne Comics und bin eine Sportskanone! Wenn ich mit meinen grünen Lieblingssneakern und meinem Skateboard unterwegs bin, wühle ich unseren Komposthaufen richtig auf. Ich mische mich auch gerne ein, nämlich in alles, was mit Umwelt zu tun hat.

Assel Annika

Die anderen Asseln sagen oft, dass ich vorlaut bin. Aber ich kann es einfach gar nicht leiden, wenn Leute rücksichtslos mit der Welt umgehen, auf der wir schon so lange leben. Da wird man ja wohl noch was sagen dürfen.

Gerechtigkeit ist mir einfach wichtig, ich bin neugierig und will alles immer ganz genau wissen. Außerdem habe ich ein spannendes Hobby: Ich bringe mir jeden Tag neue Zaubertricks bei. Vielleicht finde ich ja bald einen Trick, wie ich alle Umweltprobleme einfach verschwinden lassen kann?

Assel Astrid

Ich bin die Mama-Assel, finde Abenteuer toll und probiere am liebsten jeden Tag etwas Neues aus. Zum Beispiel Fallschirm-springen. Ganz hoch oben auf dem Baum halte ich mich mit meinen 14 Beinen an einem Blatt fest und segle damit runter auf den Komposthaufen. Hui, das macht Spaß!

Von da oben sehe ich auch, wie dick die Luft auf unserem Planeten ist und dass wir dringend etwas tun müssen, damit sie wieder besser wird.

Oma Assel

Als Assel-Oma habe ich schon eine Menge erlebt. Weil ich so gerne auf Reisen gehe, kenne ich auch schon alle Teile der Welt. Und als echte Quasselstrippe kann ich dir viel darüber erzählen, wie es unserer Umwelt so geht.

Ich kümmere mich für mein Leben gerne um die Blumen im Garten und wer denen mit Gift oder Pflanzenschutzmitteln zu nahe kommt, den verjage ich mit meinem Gehstock!

Assel Achim

Ich bin der Sohn von Oma-Assel und der Assel-Papa. Ich liebe Musik und spiele am liebsten den ganzen Tag lang sechshändig Klavier. Dazu schmettere ich Arien wie ein Opernsänger! Nur kommt das bei den anderen im Komposthaufen nicht so gut an. Die wollen immer sofort, dass ich aufhöre.

Wenn ich nicht gerade musiziere oder mich um meine kleinen Asseln kümmere, bin ich ein richtiger Tüftler und bastle immer wieder an neuen Lösungen für die Umweltprobleme auf unserer Erde.

Wie geht es unserer Welt?

Klimawandel

Es wird wärmer!

Das Wort „Klimawandel" ist dir sicher schon einmal begegnet. Davon reden nämlich ständig ganz viele Menschen. Mit Klimawandel ist gemeint, dass es auf der Erde langsam immer wärmer wird. Seit 1850* ist die durchschnittliche Temperatur auf der Erde um fast 1 Grad gestiegen und es wird immer wärmer und vor allem immer schneller wärmer.

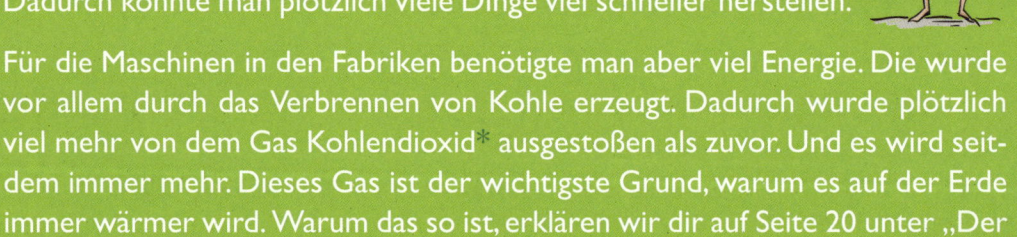

*Warum rechnet man seit 1850?

Das Jahr 1850 ist ungefähr der Zeitpunkt, an dem die Menschen begannen, immer weniger Dinge in Handarbeit herzustellen und stattdessen immer mehr mit Maschinen und in großen Fabriken. Dadurch konnte man plötzlich viele Dinge viel schneller herstellen.

Für die Maschinen in den Fabriken benötigte man aber viel Energie. Die wurde vor allem durch das Verbrennen von Kohle erzeugt. Dadurch wurde plötzlich viel mehr von dem Gas Kohlendioxid* ausgestoßen als zuvor. Und es wird seitdem immer mehr. Dieses Gas ist der wichtigste Grund, warum es auf der Erde immer wärmer wird. Warum das so ist, erklären wir dir auf Seite 20 unter „Der Treibhauseffekt".

*Kohlendioxid:

Kohlendioxid ist ein Gas und wird auch CO_2 genannt. Es entsteht immer dann, wenn etwas verbrannt wird, aber auch, wenn wir ausatmen.

Auf den ersten Blick klingt 1 Grad jetzt nicht besonders viel, oder? Für die Umwelt und ihre Bewohner und auch für uns Menschen hat es aber schon starke Auswirkungen.

Und die Temperaturen steigen weiter. Je wärmer es auf der Erde wird, desto größere Folgen wird das haben. Daher haben sich Vertreter von vielen Ländern der Welt gemeinsam das Ziel gesetzt, dafür zu sorgen, dass die Temperatur auf der Erde insgesamt nicht mehr steigt als um 2 Grad. Ob das klappt, wird sich zeigen, denn das bedeutet auch, dass alle Menschen bereit sein müssen mitzuhelfen.

*Woher weiß man, dass es immer wärmer wird?

Schon seit ganz langer Zeit wird aufgeschrieben, wie viel Grad die Temperatur an jedem Tag und an vielen Orten auf der Erde beträgt. So kann man zum Beispiel sagen: „Dieser Winter war viel kälter als der letzte" oder „Der Sommer 2003 war so warm wie noch keiner zuvor." Dazu betrachtet man nicht nur die Temperatur an einem einzigen Tag, sondern an allen Tagen des Sommers. Daraus errechnet man die so genannte „Durchschnittstemperatur".

Wenn man sich jetzt die Durchschnittstemperaturen seit 1850 anschaut und vergleicht, sieht man, dass es immer wärmer wird. Nicht jedes Jahr, manchmal ist es auch ein Jahr wieder etwas kälter als das Jahr davor, aber insgesamt steigt die Temperatur auf der Erde an.

Der Treibhauseffekt

Um zu verstehen, warum es auf der Erde immer wärmer wird, muss man etwas über den Treibhauseffekt wissen. Das Wort hast du vielleicht auch schon einmal gehört, in Gesprächen deiner Eltern oder in der Schule.

Man unterscheidet den „natürlichen Treibhauseffekt", den es einfach so von Natur aus auf der Erde gibt, und denjenigen, für den wir Menschen verantwortlich sind. Um zu verstehen, welchen Einfluss der Mensch auf den Treibhauseffekt hat, muss man zunächst einmal den natürlichen Treibhauseffekt verstehen.

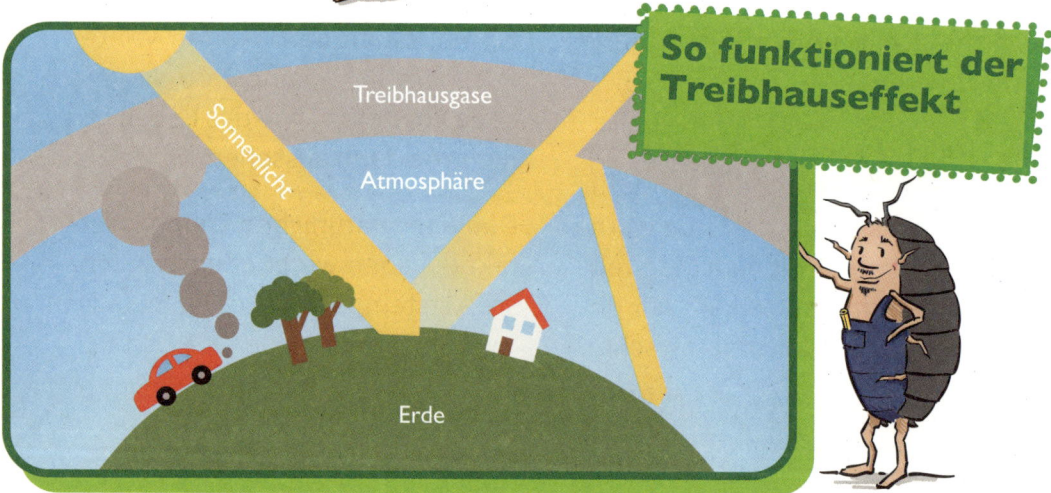

So funktioniert der Treibhauseffekt

Treibhausgase

Sonnenlicht

Atmosphäre

Erde

Der natürliche Treibhauseffekt

Der Treibhauseffekt funktioniert ähnlich wie ein Gewächshaus. Unsere Erde ist umgeben von etwas, das man Atmosphäre nennt. Die Atmosphäre ist eine Hülle um die gesamte Erde, die aus Gasen* besteht. Die Sonne scheint durch diese Gase hindurch und die Sonnenstrahlen treffen auf die Erde.

Hier werden die Sonnenstrahlen in Wärmestrahlen umgewandelt und von der Erde wieder zurück ins All geworfen. Die so genannten Treibhausgase in der Atmosphäre sorgen nun dafür, dass nicht die gesamte Wärme, die durch die Sonnenstrahlen auf die Erde gekommen ist, wieder ins Weltall entweichen kann. Ein Teil der Wärme bleibt auf der Erde. Dadurch erwärmt sich auch die Luft um die Erde herum.

Die Treibhausgase wirken also wie eine dicke Jacke, indem sie dafür sorgen, dass es auf der Erde warm ist. Würden die Treibhausgase fehlen, wäre es hier bitterkalt, nur ungefähr -18 Grad. Und falls du schon einmal einen ganz kalten Winter miterlebt hast, kannst du dir ja in etwa vorstellen, wie das Leben auf der Erde dann aussehen würde.

Dank des natürlichen Treibhauseffektes haben wir aber eine Durchschnittstemperatur von ca. 14 Grad – wie an einem milden Herbsttag.

*Was sind Gase?

Die bekanntesten Gase, die dir jeden Tag, ja, jede Sekunde, begegnen, sind die, aus denen unsere Luft besteht. Die Luft enthält zum Beispiel das Gas Sauerstoff, das wir zum Atmen brauchen. Und wenn wir ausatmen, entsteht das Gas Kohlendioxid.

Beide Gase kann man weder sehen noch riechen, aber sie sind trotzdem da. Wenn du zum Beispiel einen Luftballon aufbläst, wird er ja prall. Es muss also etwas da sein, das ihn ausfüllt.

Neben Sauerstoff und Kohlendioxid gibt es noch viele, viele andere Gase in der Luft, zum Beispiel auch Methan.

Was macht der Mensch?

Je mehr Treibhausgase in der Atmosphäre sind, desto stärker ist der Treibhauseffekt und desto wärmer wird es auf der Erde. Zu den Treibhausgasen, die von Natur aus schon in der Atmosphäre sind, kommen nun noch die Treibhausgase, die wir Menschen erzeugen. Das ist so, als würdest du eine noch viel dickere Jacke anziehen, eine, die dir dann allerdings zu warm wird, die dich ins Schwitzen bringt und in der du dich gar nicht mehr wohlfühlst. Die Treibhausgase, die wir Menschen in die Luft blasen, verstärken also den natürlichen Treibhauseffekt.

Wodurch genau beeinflusst der Mensch den natürlichen Treibhauseffekt? Hier bekommst du den Überblick:

Kohlendioxid (CO_2)

Wir schalten im Winter die Heizung an, wir schalten abends das Licht ein, wir fahren Auto und fliegen in den Urlaub: Wenn wir uns fortbewegen, heizen oder für etwas Strom benutzen, kostet das Energie. Diese Energie wird oft dadurch gewonnen, dass Öl, Gas oder Kohle verbrannt werden. Dabei entsteht eine Menge des Treibhausgases Kohlendioxid.

Methan

Viele Menschen auf der Erde wollen Fleisch essen. Besonders die Haltung von Kühen belastet dabei die Umwelt. Wenn Kühe pupsen – und sie pupsen viel – steigt das Treibhausgas Methan in die Luft. Das entsteht bei ihrer Verdauung und ist ganz besonders schlecht fürs Klima. Aber auch beim Reisanbau oder, wenn Müll auf Müllhalden gelagert wird, entsteht viel Methan.

Fluorchlorkohlenwasserstoff und Flurkohlenwasssserstoffe

Das Gas Fluorchlorkohlenwasserstoff gibt es in der Natur eigentlich gar nicht. Es wurde vom Menschen erfunden. Es ist besser unter dem Namen „FCKW" bekannt und war früher in Kühlschränken oder in Spraydosen.

Als man entdeckte, dass FCKW die Ozonschicht* zerstört, wurde die Verwendung in vielen Bereichen verboten. Als Ersatz wurden Flurkohlenwasssserstoffe eingesetzt.

*Ozonschicht:
Die Ozonschicht umhüllt die ganze Erde und schützt sie und alle ihre Lebewesen vor dem Teil der Sonnenstrahlen, der für die Menschen, Tiere und Pflanzen besonders gefährlich ist.

Die schädigen zwar nicht die Ozonschicht, sind aber leider Treibhausgase und deshalb ganz schlecht für das Klima.

Distickstoffoxid

Das so genannte „Lachgas" entsteht vor allem dann, wenn stickstoffhaltiger Kunstdünger eingesetzt wird. Aber auch durch Tierhaltung in der Landwirtschaft entsteht eine Menge Distickstoffoxid.

Wasserdampf

Wasserdampf ist das wichtigste Treibhausgas des natürlichen Treibhauseffekts, es spielt aber auch beim vom Menschen erzeugten Treibhauseffekt eine große Rolle.

Wie viel Wasserdampf in der Atmosphäre ist, hängt davon ab, wie warm es ist: Wird es wärmer, so ist dort auch mehr Wasserdampf. Das verstärkt wiederum die Erwärmung auf der Erde.

Aerosole

Neben den Treibhausgasen gibt es auch noch andere Stoffe in der Luft, die das Klima beeinflussen. Aerosole sind feste und flüssige Teilchen in der Luft. Sie entstehen vor allem dann, wenn Holz oder Kohle verbrannt werden oder durch Fahrzeuge ohne Rußfilter.

Im Gegensatz zu den Treibhausgasen wirken Aerosole eher abkühlend auf das Klima, da sie größtenteils das Sonnenlicht reflektieren.

Was passiert durch den Klimawandel?

Nun ist natürlich die große Frage, was der Temperaturanstieg für die Erde und ihre Bewohner bedeutet: Wie warm wird es und wie schnell wird es so warm? Welche Auswirkungen hat die Erderwärmung auf den Menschen, die Tiere und die Pflanzen?

Die Folgen des Klimawandels lassen sich nur sehr schwer vorhersehen. Experten gehen aber davon aus, dass folgende Dinge passieren können – je nachdem, wie warm es wirklich wird:

Es wird weiter wärmer

Auf der Erde wird es weiter wärmer, so viel steht fest! Das Klima ist eine sehr komplizierte Angelegenheit und die weitere Entwicklung lässt sich schwer voraussagen. Die meisten Wissenschaftler gehen aber davon aus, dass die Durchschnitts-Temperaturen bis zum Jahr 2100 zwischen 2 und 5 Grad ansteigen werden.

Die Meeresspiegel steigen an

Niedrig gelegene Gegenden können dadurch leicht überschwemmt werden oder sogar ganz verschwinden.

Das Wetter wird extremer

In einigen Gegenden wird es mehr Überschwemmungen und starke Regenfälle geben. In bisher schon trockenen Regionen wird es zu Hitzewellen und langen Zeiten ohne Regen kommen. Das führt dazu, dass die Menschen dort weniger Nahrungsmittel ernten können, dass Waldbrände entstehen und dass es zu wenig Wasser gibt.

Tierarten sterben aus

Tierarten, besonders solche, die in kälteren Regionen wie der Arktis wohnen, sind vom Aussterben bedroht. Den Eisbären wird es dann zum Beispiel viel zu warm.

Krankheiten breiten sich aus

Krankheiten, die es bisher nur in sehr heißen Gegenden gibt, können sich ausbreiten. Denn wenn es im Winter nicht mehr so kalt wird, können zum Beispiel bestimmte Insekten, die diese Krankheiten übertragen, auch bei uns überleben.

Die Meere versauern

Das vom Menschen ausgeschiedene Kohlendioxid gelangt nicht nur in die Atmosphäre, sondern wird auch von den Weltmeeren aufgenommen. Dadurch werden die Meere saurer und das schädigt vor allem Schnecken, Muscheln und Korallen. Sie alle haben Kalkschalen und der Kalk wird durch das saure Wasser angegriffen.

Lebensräume verändern sich

Das ist ein großes Problem für alle Arten, die eine bestimmte Temperatur brauchen und sich schlecht an andere Temperaturen anpassen können. Dann bleibt ihnen nur die Wanderung in andere Gebiete. Besonders schwierig ist das für Tiere, die nicht wandern können, wie Korallen.

Erste Hilfe fürs Klima!

Iss wenig Fleisch!

Für viele von uns ist es ganz normal, jeden Tag Fleisch zu essen. Das fängt morgens mit der Salami auf dem Brot an, geht weiter beim Stück Fleisch zum Mittagessen und dann gibt es abends vielleicht nochmal Fleischwurst oder Schinken.

Fleisch zu essen ist aber ganz schlecht fürs Klima: Für die Kühe und Schweine werden Wälder abgeholzt, damit die Tiere grasen oder Futterpflanzen angebaut werden können. Die Futtermittelproduktion verbraucht eine Menge Energie und es wird CO_2 ausgestoßen. Und bei der Verdauung von Rindern entsteht sehr viel Methan, das sie in die Gegend pupsen.

Wenn du also etwas richtig Wirksames für das Klima tun willst, versuche, möglichst wenig Fleisch zu essen. Die Wurst auf dem Frühstücksbrot kannst du durch Marmelade ersetzen. Und mittags gibt es dann öfter mal kein Fleisch, sondern zum Beispiel Nudeln mit einer leckeren Gemüsesoße.

Du wirst sehen: fleischfrei zu essen, schmeckt genauso gut. Kompromiss: Nur an ein oder zwei Tagen die Woche Fleisch essen, wie klingt das? So musst du nicht ganz darauf verzichten und tust der Umwelt trotzdem sehr viel Gutes.

Weitere tolle Tipps für echte Weltretter findest du ab Seite 100.

Wasser

Der Wasserkreislauf

Wasser gibt es auf der Erde in rauen Mengen! Fast 3/4 der Erdoberfläche sind von Wasser bedeckt. Das allermeiste davon ist allerdings Salzwasser und nur ungefähr 2,5 Prozent des gesamten Wassers sind Süßwasser, also ein ziemlich kleiner Teil.

Süßwasser ist aber das Wasser, das wir zum Überleben brauchen. Ein Großteil davon ist gefroren, ein Teil befindet sich als Grundwasser im Boden und auch in den Flüssen und Seen ist Süßwasser.

Das Wasser auf der Erde befindet sich in einem ständigen Kreislauf:

Die Sonne erwärmt Land und Wasser. Das Wasser verdunstet daraufhin teilweise und steigt als feuchte Luft auf. Kommt die feuchte Luft nach oben, kühlt sie irgendwann wieder ab. Es entstehen Wolken und es beginnt zu regnen.

Das meiste Regenwasser verdunstet dann wieder, ein anderer Teil sickert in den Boden und wird zu Grundwasser und wieder ein anderer Teil gelangt in Flüsse und Seen und wird ins Meer weitergeleitet.

So funktioniert der Wasserkreislauf

Wolkenbildung

Regen

Verdunstung

Abfluss

Meer

Grundwasser und Trinkwasser

Kein Mensch kann ohne Süßwasser überleben. Daher ist es das wichtigste Lebensmittel, das wir auf der Welt haben. Es ist wichtig, dass für alle Menschen genug Wasser da ist und dass es sauber ist.

Hier bei uns bekommst du jederzeit sauberes Trinkwasser aus dem Wasserhahn. Du kannst es trinken, dich damit waschen oder auch Essen kochen.

In Deutschland beziehen wir unser Trinkwasser größtenteils direkt aus dem Grundwasser oder aus Quellen*. Ein Teil kommt aber auch aus Flüssen und Seen. Es wird so aufbereitet, dass es klar und sauber ist und keinen Beigeschmack hat.

*Quellen:
Quellen sind Orte, an denen Grundwasser an die Oberfläche tritt.

*Was ist eigentlich Grundwasser?

Grundwasser ist die Ansammlung von Wasser im Boden. Dort, tief unten im im Gestein, gibt es viele kleine Hohlräume, in denen sich Wasser sammelt.

Dieses Wasser kommt vor allem vom Regen, aber auch aus Gewässern, deren Wasser zum Teil nach unten sickert. Es sickert so lange tiefer in die Erde, bis es auf eine Schicht trifft, die kein oder kaum Wasser durchlässt. Über dieser Schicht sammeln sich dann die Wassermassen.

Was passiert mit dem Abwasser?

Bei uns

Überall da, wo Menschen Wasser nutzen, wird sauberes Wasser schmutzig. Sei es zu Hause beim Wäschewaschen, beim Duschen, bei der Klospülung oder beim Autowaschen. Und auch in der Landwirtschaft und in Fabriken entsteht täglich jede Menge Abwasser.

Früher war es noch erlaubt, dreckiges Wasser einfach in die Flüsse laufen zu lassen. Heute wird das Wasser, zumindest hier bei uns, durch Gesetze besser geschützt. Das Abwasser gelangt durch die Kanalisation in eine Kläranlage und wird dort gereinigt. Dadurch sind die Flüsse und Seen in Deutschland wieder sauberer geworden.

Doch auch bei uns geraten gefährliche Stoffe in die Gewässer, zum Beispiel durch die Landwirtschaft, aus Haushalten oder aus Fabriken. Besonders gefährlich sind dabei Schwermetalle*, Pestizide* und Rückstände von Medikamenten. Und auch Düngemittel haben schlimme Folgen für die Gewässer.

*Was sind Schwermetalle?

Schwermetalle sind eine bestimmte Gruppe von Metallen, die auch in der Natur vorkommen. Manche sind in kleinen Mengen lebenswichtig für Tiere, Menschen und auch Pflanzen. Große Mengen davon sind jedoch sehr giftig.

*Was sind Pestizide?

Unter Pestiziden versteht man in den meisten Fällen Chemikalien, die bestimmte Lebewesen töten, vertreiben oder ihre Vermehrung stoppen. Sie werden eingesetzt, damit zum Beispiel Käfer, Mäuse oder Pilze nicht das Getreide auffressen oder schädigen, das eigentlich die Menschen ernten möchten. Es handelt sich dabei aber um Gifte, die auch für die Umwelt und den Menschen schädlich sein können.

Durch diese Stoffe ist dann auch unser Grundwasser und damit unser Trinkwasser in Gefahr.

Die vielen unterschiedlichen Schichten im Boden, durch die das Wasser sickert, reinigen es zwar, aber Pestizide, Reste von Medikamenten und andere Chemikalien kann die Natur oft nicht herausfiltern. Sie bleiben im Wasser und Tiere und Menschen nehmen sie zum Beispiel beim Trinken wieder auf.

In vielen anderen Teilen der Welt

An vielen anderen Orten auf der Welt ist die Situation viel ernster als bei uns. Hier wird oftmals noch ungefiltertes Abwasser in den Boden oder in Gewässer geleitet und führt dort zu einer Verschmutzung der Umwelt und der Trinkwasserquellen.

Die Gründe dafür liegen aber auch bei uns! In dem Computer, den wir zum Beispiel kaufen, sind viele unterschiedliche Metallarten, die in anderen Ländern aus der Erde geholt werden.

Wenn zum Beispiel Gold aus der Erde herausgeholt wird, werden sehr giftige Chemikalien eingesetzt, die dann in das Grundwasser gelangen.

Viele Menschen auf der Welt können heute kein sauberes Trinkwasser bekommen. Sie müssen dann verschmutztes Wasser trinken, obwohl sie wissen, dass sie davon krank werden können. Und auch Tiere und Pflanzen werden durch das schmutzige Wasser krank oder sterben daran.

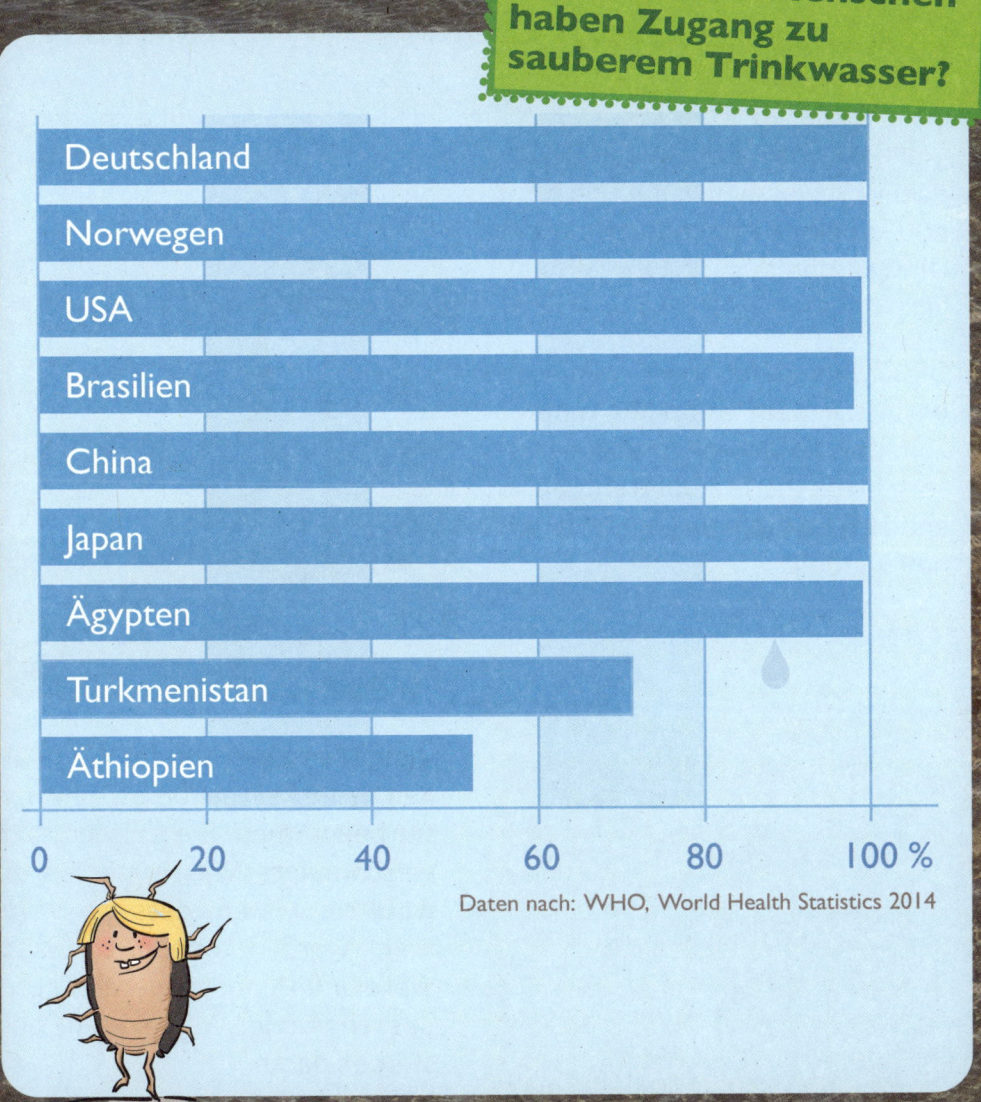

Wie viele Menschen haben Zugang zu sauberem Trinkwasser?

Deutschland
Norwegen
USA
Brasilien
China
Japan
Ägypten
Turkmenistan
Äthiopien

0   20   40   60   80   100 %

Daten nach: WHO, World Health Statistics 2014

Wer macht das Wasser schmutzig?

Landwirtschaft

Auf den Feldern wird zu viel Dünger verteilt. Nicht der gesamte Dünger kann von den Pflanzen aufgenommen werden, und wird dann beim nächsten Regen weggespült. So gerät er dann zum Beispiel in Flüsse und ins Meer. Außerdem setzen Landwirte oft Pestizide ein, um die angebauten Pflanzen auf ihren Feldern zu schützen. Auch diese giftigen Stoffe geraten in die Gewässer.

Industrie

In der Industrie wird in Fabriken mit vielen giftigen Stoffen gearbeitet. Diese werden oft falsch entsorgt. Manchmal gibt es auch Unfälle, bei denen die giftigen Stoffe dann in die Umwelt geraten.

Haushalte

Haushalte, also alle, die in einem Haus oder in einer Wohnung zusammenleben, belasten das Wasser dadurch, dass sie zu viele und zu aggressive Reinigungsmittel benutzen. Außerdem entsorgen Viele Giftstoffe und Medikamente falsch und kippen sie zum Beispiel in den Abfluss.

Städte

Das Wasser von viel befahrenen Straßen wird manchmal direkt in die Flüsse geleitet und Kläranlagen können bei starken Regenfällen nicht mehr das ganze Abwasser aus den Städten reinigen. Dann gelangt es ungeklärt in Flüsse oder Seen.

Regenwasser

Und auch das Regenwasser selbst ist inzwischen belastet. Giftstoffe aus Abgasen werden durch die Feuchtigkeit aus der Luft herausgelöst und gelangen so mit dem Regen wieder auf die Erde. Und damit eben auch in die Gewässer.

Das Wasser wird knapp!

Bei uns

In Deutschland und im gesamten Norden Europas gibt es keinen Wassermangel. Es regnet im Vergleich zu anderen Ländern auf der Welt ziemlich viel und die Menschen hier verbrauchen ungefähr genauso viel Wasser, wie durch Regen nachkommt. Das ist eigentlich gut.

Und auch die Wiederauffüllung des Grundwassers wird immer schwieriger. Dadurch, dass es viele Straßen, Siedlungen, Plätze usw. gibt, kann das Wasser nicht mehr so leicht im Boden versickern, sondern wird oft über die Kanalisation direkt in Flüsse und Meere geleitet.

Allerdings sind inzwischen in dem Grundwasser nahe unter der Erde viele Schadstoffe. Das bedeutet, dass man für sauberes Wasser heute schon viel tiefer bohren muss oder das Wasser viel aufwendiger gereinigt werden muss.

Auf der Welt

Außerhalb von Nordeuropa wird oft mehr Wasser verbraucht als durch Regen nachkommt. Nicht, weil die Menschen dort verschwenderischer sind als wir, sondern vor allem, weil es dort viel weniger regnet als bei uns.

Wie schon gesagt, ist es in vielen Regionen der Welt heute bereits schwierig, an sauberes Wasser zu kommen. Dazu kommt, dass wir immer mehr Menschen auf der Erde werden und auch dadurch der Wasserverbrauch auf der Erde steigt. Das liegt vor allem daran, dass immer mehr Menschen in Städten wohnen und so leben, dass sie viel Wasser verbrauchen.

Gleichzeitig wird das Süßwasser, das zur Verfügung steht, immer weniger – durch Verschmutzung oder Klimawandel.

Am meisten Wasser verbrauchen Indien, China und die USA. Alleine China und Indien entnehmen ein Drittel von dem, was weltweit verbraucht wird.

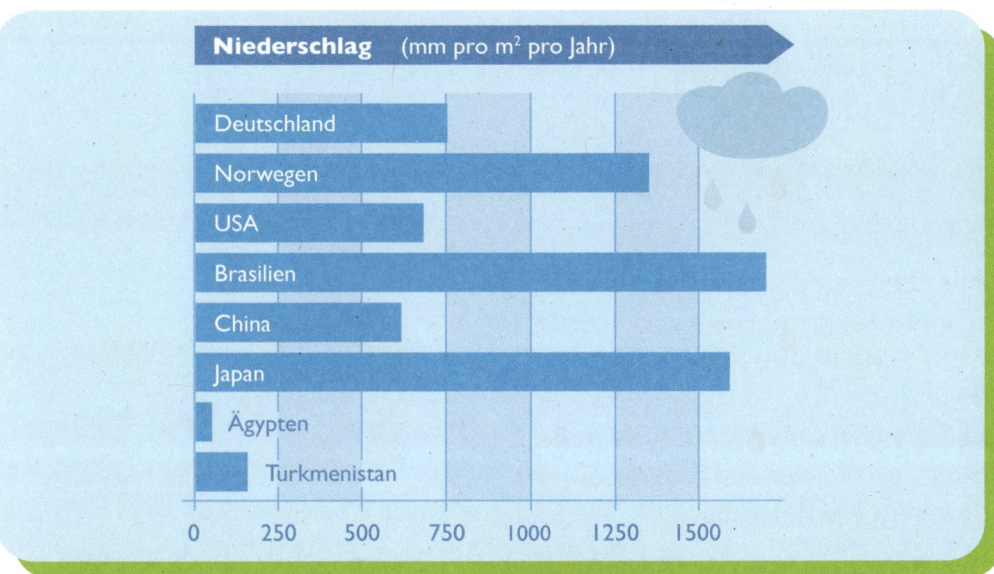

Niederschlag (mm pro m² pro Jahr)

Deutschland
Norwegen
USA
Brasilien
China
Japan
Ägypten
Turkmenistan

0   250   500   750   1000   1250   1500

Bei der Entnahmemenge pro Kopf gibt es weltweit zwischen den einzelnen Ländern riesige Unterschiede. In Turkmenistan zum Beispiel werden jährlich über 5.000 Kubikmeter Wasser pro Einwohner verbraucht, in Zentralafrika sind es nur 6 Kubikmeter. Wir in Deutschland liegen mit 400 Kubikmeter pro Kopf im unteren Mittelfeld.

Nun ist es aber nicht so, dass zum Beispiel die Menschen in Turkmenistan einfach nur für sich so viel Wasser brauchen. Sie nutzen das Wasser dazu, um Baumwolle anzupflanzen, aus der dann für viele Menschen auf der Welt Kleidung hergestellt wird – auch für uns.

Das Wasser verbrauchen also so gesehen nicht die Turkmenen, sondern die, die einen Baumwollpulli

Wie viel Wasser ist ein Kubikmeter?

Stell Dir einen Würfel vor, der einen Meter lang ist, einen Meter breit und einen Meter hoch. Wenn dieser Würfel mit Wasser gefüllt wäre, wäre da ein Kubikmeter Wasser drin. Das sind 1.000 Liter Wasser.

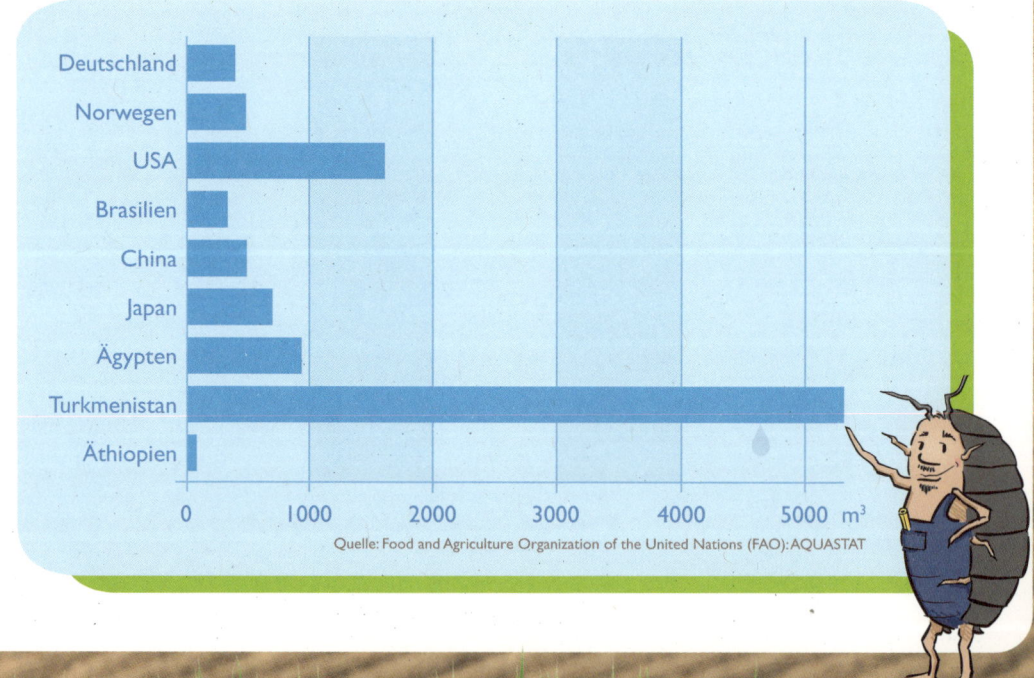

Quelle: Food and Agriculture Organization of the United Nations (FAO): AQUASTAT

kaufen. Dafür, dass Sachen in anderen Ländern hergestellt werden und dabei viel Wasser verbraucht wird, wurde der Begriff „virtuelles Wasser" erfunden.

Hierbei wird das verbrauchte Wasser nicht dem Land zugerechnet, in dem etwas angebaut oder hergestellt wird, sondern dem Land, in dem die Produkte, für deren Herstellung das Wasser verbraucht wurde, gekauft werden.

Schaut man sich den Wasserverbrauch dann nochmal an, ergibt sich gleich ein ganz anderes Bild. Deutschland hat dann einen Wasserverbrauch von 1.550 Kubikmeter

Was ist „virtuelles Wasser"?

Mit virtuellem Wasser meint man alles Wasser, das gebraucht wird, um Produkte und alle ihre Zutaten oder Einzelteile herzustellen. Das können Kleidung, Lebensmittel oder auch ein Auto sein.

Es zählt dabei also nicht so sehr, wo, sondern für wen etwas hergestellt wurde.

pro Kopf und ist damit gar nicht mehr so sparsam. Wenn man überlegt, für welchen Wasserverbrauch wir weltweit verantwortlich sind, zeigt sich, dass wir viel zu viel davon verbrauchen und sogar anderen kostbares Wasser wegnehmen – zum Beispiel den Menschen in Turkmenistan.

Die Meere

Auf der Erde gibt es drei große Ozeane: Den Atlantischen, den Pazifischen und den Indischen Ozean. Dazu gehören aber auch noch viele kleinere Meere, darunter zum Beispiel die Ostsee, die Nordsee und das Mittelmeer.

Alle kleinen und großen Meere sind miteinander verbunden und erstrecken sich rund um die Welt, daher nennt man alle zusammen auch „das Weltmeer".

Die Meere dieser Welt sind unvorstellbar riesige und vielfältige Lebensräume. Bisher kennen wir ungefähr 230.000 Arten, die im Meer leben, aber Experten vermuten, dass in den Ozeanen etwa 1 Million unterschiedlicher Arten leben, also viermal so viele. Jedes Jahr werden alleine 2.000 neue Arten entdeckt, die den Menschen bis dahin nicht bekannt waren.

Doch auch die Meere und all ihre Bewohner sind durch das Verhalten der Menschen bedroht. Hier bekommst du einen Überblick, wo die größten Gefahren liegen:

Müll

Ein großes Problem für alle Meeresbewohner sind die gewaltigen Müllmengen, die im Meer herumtreiben. Überall im Meer schwimmen inzwischen Tausende von Plastikteilen.

Daran sterben etliche Fische, Meeressäugetiere und Vögel, die sich verheddern oder die Plastikteilchen mit Nahrung verwechseln.

Im Nordpazifik hat sich durch die Strömungen im Meer ein riesiger Müllteppich gebildet. Der ist viele Male größer als Deutschland. Aber auch in anderen Meeren gibt es schon Müllteppiche. Und der Müll, der oben auf dem Meer herumtreibt, ist nur ein kleiner Teil des Plastikmülls in den Meeren. Der Großteil des Mülls sinkt nämlich auf den Meeresboden.

Woher der Müll in den Meeren kommt, ist von Land zu Land etwas unterschiedlich, alleine deshalb, weil es in unterschiedlichen Ländern unterschiedliche Bestimmungen gibt. Teilweise sind es

Schifffahrt und Fischerei, die den Müll ins Meer bringen, teilweise sind es der Massentourismus oder andere Aktivitäten in den Küstenregionen. In einigen Gegenden gelangt der Müll aber auch über die Flüsse ins Meer.

Plastik braucht Hunderte Jahre, um zu verrotten, d.h. der Müll, der ins Meer gelangt, bleibt dort eine sehr, sehr lange Zeit. Da laufend Müll in die Meere gelangt, sammelt sich dort also mit der Zeit immer mehr.

Inzwischen aber werden die Plastikteilchen des schon verrottenden Mülls immer kleiner. Die Meerestiere nehmen sie auf und sie gelangen, wenn wir Fisch essen, auch in unseren Körper. Plastik enthält dabei nicht nur selbst Giftstoffe, sondern nimmt auch noch Giftstoffe aus seiner Umgebung auf. Und auch diese giftigen Stoffe gelangen zusammen mit den Meerestieren, die wir essen, wieder bis zu uns Menschen.

Wenn wir also Müll ins Meer kippen, schaden wir, wie so oft, wenn wir der Umwelt schaden, auch uns selbst.

Überdüngung und tote Zonen

Ein weiteres Problem, das wir auch in Deutschland haben, ist die Überdüngung, also, dass zu viel gedüngt wird. Das fängt weit weg vom Meer, auf den Feldern an:

Die Bauern bauen auf ihren Feldern Obst und Gemüse an und düngen die Pflanzen zum Beispiel mit Gülle*, die beim Halten von Rindern und anderen Tieren entsteht. Darin sind viele Nährstoffe, die dafür sorgen sollen, dass die Pflanzen besser und schneller wachsen.

Oft brauchen die Pflanzen aber gar nicht so viel Dünger. Durch Regen wird dann ein großer Teil davon aus dem Boden gespült und gerät in die Gewässer. Hier gibt es somit zu viele Nährstoffe, was dazu führt, dass Algen viel schneller wachsen als normalerweise und das natürliche Gleichgewicht der Gewässer gestört wird.

> ***Gülle:**
> besteht hauptsächlich aus dem Mist und dem Pipi von den Tieren auf dem Bauernhof und wird als Dünger auf die Felder gesprüht.

Das Wasser wird trüb und das Sonnenlicht kann nicht mehr so weit in die Tiefe vordringen wie vorher. Dadurch gibt es immer weniger Unterwasserpflanzen und das führt wiederum dazu, dass immer weniger Tiere dort überleben können.

Wenn die Algen absterben, sinken sie auf den Meeresboden und vergammeln. Dazu wird so viel Sauerstoff benötigt, dass im Wasser viel zu wenig übrig bleibt und dort schließlich gar kein Leben mehr möglich ist. So entsteht dann eine so genannte „tote Zone". Besonders gefährdet von Algenteppichen ist derzeit die Ostsee. Hier gibt es jetzt schon immer größer werdende „tote Zonen", in denen nichts mehr leben kann.

Überfischung

Die Menschen auf der Welt haben immer mehr Hunger auf Fisch. Heute wird schätzungsweise viermal so viel Fisch gefangen wie noch vor 40 Jahren. Das ist inzwischen so viel, dass viele Gewässer „überfischt" sind. Das bedeutet, dass hier viel mehr Fische gefangen werden, als

nachwachsen können. Viele Fischarten sind dadurch gefährdet und
manche, wie einige Thunfisch- und
Hai-Arten sogar vom Aussterben
bedroht.

Zunehmend werden in den letzten
Jahren auch Tiefseefische gefangen, die ganz weit unten im Meer
wohnen. Diese brauchen wesentlich länger, um sich zu vermehren
und sind deswegen noch schneller
vom Ausstreben bedroht.

*überfischt:
Ein Gewässer ist überfischt, wenn
mehr Fische gefangen werden, als
natürlich nachwachsen können.

Ein großes Problem beim Fischfang ist auch das, was in den großen Netzen neben den Fischen, die gefangen werden sollen, hängenbleibt: der so genannte Beifang*. Das sind oft ganz junge Fische, Delfine, Schildkröten oder Vögel.

*Beifang:
Bezeichnet alle Meeresbewohner, die mitgefangen, aber nicht gegessen werden.

Besonders schlimm ist es, wenn Menschen tropische Garnelen fangen möchten. Hier kommen auf 1 Kilogramm Garnelen mehr als 20 Kilogramm Beifang, der nicht genutzt wird. Wenn man sich den gesamten Fischfang auf der ganzen

Welt ansieht, sind fast die Hälfte aller Meerestiere, die in den Netzen der Fischer landen, Beifang und werden tot oder verletzt wieder über Bord geworfen.

Öl

Öl ist giftig und so zäh und klebrig, dass Tiere und Pflanzen sich nicht daraus befreien können. Wenn Erdöl ins Meer gelangt, vergiftet es also Fische, Wale oder verklebt Vögeln ihr Gefieder, so dass sie nie wieder fliegen können und ertrinken und verhungern müssen.

Es gibt immer wieder Tankerunglücke oder Unfälle auf Bohrinseln, wodurch Unmengen von Öl ins Meer gelangen und dort die gesamte Tier- und Pflanzenwelt zerstören.

Ein Großteil der Ölbelastung im Meer entsteht aber in den Städten oder durch die Industrie. Durch Kanäle und Flüsse gelangt das Öl dann irgendwann ins Meer.

Erste Hilfe für die Meere!

Isst du gerne Fisch?

Wenn du wild gefangenen Fisch oder Meeresfrüchte essen möchtest, achte auf das MSC-Siegel auf der Verpackung oder dem Schild in der Fischtheke. Es steht für nachhaltige Fischerei, bei der die Meere nicht überfischt werden und möglichst keine Fangmethoden eingesetzt werden, die andere Fische, Vögel oder Säugetiere in Gefahr bringen.

Achte außerdem darauf, dass du keine Fische isst, von denen es nur noch sehr wenige gibt und die vom Aussterben bedroht sind.

Einkaufsratgeber von Umweltorganisationen sagen dir, welche Fische man essen sollte und welche nicht. Einen guten Ratgeber findest du auf der Internetseite des Umweltverbandes Greenpeace e.V. www.greenpeace.de

Gib im Suchfeld „Einkaufsratgeber Fisch" ein und du kommst zum Dokument. Den Einkaufsratgeber gibt es außerdem als App.

Weitere tolle Tipps für echte Weltretter findest du ab Seite 100.

Wald

Wofür brauchen wir den Wald?

Im Wald kannst du prima spielen, toben und spazieren gehen. Die Bäume und Sträucher leuchten grün und es duftet nach ganz unterschiedlichen Pflanzen. In einem gesunden Wald wachsen viele unterschiedliche Pflanzen und Pilze und es leben dort viele verschiedene Tiere. Die einen können oft nicht ohne die anderen überleben. Das heißt, sie sind voneinander abhängig und wenn es den Pflanzen im Wald schlecht geht, dann geht es auch schnell den anderen Waldbewohnern schlecht. Das nennt man ein Ökosystem*.

Der Wald riecht aber nicht nur gut, du kannst dort auch viel entdecken und eine Menge Spaß haben. Außerdem ist er für uns Menschen lebenswichtig. Der Wald reinigt nämlich unsere Luft und filtert Schmutz wie Staub und Abgase heraus. So sorgt er dafür, dass wir saubere Luft zum Atmen haben.

Das machen die Bäume und anderen Pflanzen mit ihren Blättern. Je mehr grüne Blätter ein Wald hat, umso besser kann er uns auch helfen, unsere Luft sauber zu halten. Die Pflanzen und Bäume im Wald produzieren nämlich Sauerstoff.

*Was ist ein Ökosystem?

In einem Ökosystem leben viele verschiedene Tiere und Pflanzen miteinander in einem gemeinsamen Lebensraum. Dabei ist jedes Lebewesen auf andere Lebewesen angewiesen, um überleben zu können: Der Käfer ernährt sich von den Blättern eines Baums. Der Vogel frisst den Käfer. Bakterien verarbeiten den Kot des Vogels. Und der Baum braucht diese Nährstoffe der Bakterien, um wachsen zu können.

Ein Ökosystem befindet sich also in einem empfindlichen Gleichgewicht, für das jedes Tier und jede Pflanze wichtig ist.

Und den brauchen die Tiere und wir Menschen zum Atmen. Der Sauerstoff, den die Bäume und anderen Pflanzen an uns abgeben, entsteht bei einem Vorgang, den wir „Photosynthese"* nennen. Die Pflanzen nehmen Kohlendioxid auf und machen daraus mit Hilfe von Wasser und Sonne Sauerstoff und Zucker.

Kohlendioxid entsteht zum Beispiel, wenn wir ausatmen, aber auch unsere Autos, Flugzeuge und Fabriken pusten ordentlich Kohlendioxid in die Luft.

Der Wald ist außerdem wichtig für uns, weil er den Boden an seinem Platz hält. Ganz viele Wurzeln von verschiedenen Bäumen und Pflanzen stecken wie ein großes Netz im

Sonnenlicht

Regenwasser

Sauerstoff

*Was passiert bei der Photosynthese?

CO_2

Zucker

Waldboden und halten die Erde fest. So verhindern sie, dass die Erde bei starkem Regen einfach vom Wasser weggespült wird oder als „Schlammlawine" von einem Hügel abrutscht und viel Schaden anrichtet.

Die vielen Wurzeln im Waldboden können aber noch mehr: Sie können sehr viel Regenwasser aufsaugen und es auch speichern – wie ein Schwamm. So schützt uns der Wald bei starkem Regen vor schlimmen Überschwemmungen.

Und weil der Wald das Wasser in den vielen, kleinen weit verzweigten Wurzeln so gut speichern* kann, sorgt er auch dafür, dass der Boden, selbst wenn es lange heiß und trocken ist, immer noch genug Feuchtigkeit hat und nicht so schnell austrocknet.

Auch das Holz der Bäume ist für uns nützlich. Mit ihm können wir im Winter heizen oder Möbel aus ihm bauen. Es ist ein Rohstoff, der nachwächst und der nicht erst in einer Fabrik hergestellt werden muss. Wenn wir nicht zu viele Bäume auf einmal fällen und immer welche nachpflanzen, können wir Holz unendlich lange nutzen.

*Wasserspeicher im Wald: Ein Quadratmeter Waldboden (also eine Fläche, die einen Meter breit und einen Meter lang ist) kann bis zu 200 Liter Wasser aufnehmen und speichern. Das ist ungefähr so viel wie eine große Badewanne voller Wasser.

*Ein ganz besonderer Wald: Der Regenwald

Eine ganz besondere Art von Wald ist der Regenwald. Seinen Namen hat er davon, dass es dort ganz viel regnet. Es ist heiß und feucht und auch ohne sich zu bewegen, kommt man hier schon richtig ins Schwitzen. Die Regenwälder sind ganz alte Wälder, die ohne den Einfluss von Menschen entstanden sind. Sie haben sich also von ganz alleine entwickelt. Hier hat keiner Bäume gepflanzt oder gefällt. Die Natur hat sich einfach von selbst weiterentwickelt und fortgepflanzt. Viele Stellen hat noch nie ein Mensch betreten. Die Natur ist hier also noch ganz unberührt.

Im Regenwald wachsen die Pflanzen das ganze Jahr über. Sie haben immer grüne Blätter und betreiben ständig Photosynthese. Neben den Meeresalgen produzieren die Regenwälder den meisten Sauerstoff auf der Welt. Deswegen nennt man sie auch die „grüne Lunge" unserer Erde.

Leider ist der Regenwald besonders in Gefahr. Er wird immer weiter abgeholzt, um Futter für Tiere anzubauen oder Rinder weiden zu lassen. Jede Minute (!) wird schätzungsweise eine Fläche an Regenwald vernichtet, die so groß ist wie 35 Fußballfelder! Damit verschwindet nach und nach nicht nur die „grüne Lunge" der Erde, sondern mit ihr auch viele einzigartige Tier- und Pflanzenarten.

Wie geht es unserem Wald?

Leider geht es vielen Wäldern auf der Welt gar nicht gut. Ihre großen grünen Bäume sind krank oder sterben und mit ihnen auch zahlreiche Tiere und andere Pflanzen, die von ihnen abhängig sind.

Auch hier bei uns in Europa, direkt vor deiner Haustür, sind viele Bäume nicht gesund. Man spricht davon, dass etwa jeder zweite Baum in Deutschland krank ist. Dabei sind einige Arten wie Eichen und Buchen besonders betroffen.

Das siehst du nicht immer auf den ersten Blick, denn sie sehen von außen noch grün und gesund aus, aber ihre Wurzeln sind kaputt oder sie sind von Schädlingen oder Krankheiten befallen.

Außerdem wird an vielen Orten auf der Welt viel zu viel Wald zerstört, viel mehr als wieder nachwachsen kann. Etwa 7 große Fußballfelder Wald verschwinden zum Beispiel jede einzelne Minute alleine in Brasilien. Das kann man sich kaum vorstellen, oder? Aber nicht nur in Brasilien, auch in den meisten anderen Ländern der Welt verschwindet immer mehr grüner und gesunder Wald.

Dass es den Wäldern auf der Erde schlecht geht, hat verschiedene Gründe. Hier erklären wir dir die wichtigsten:

Luftverschmutzung

Fabriken, Flugzeuge und Autos stoßen viele Abgase aus und verschmutzen damit die Luft. Die Schadstoffe aus der Luft setzen sich in den Blättern der Bäume fest und greifen sie an oder lassen sie sogar absterben. Die toten Blätter fallen auf den Waldboden und dort sickern die Schadstoffe dann mit dem Regen in die Erde und greifen auch die Wurzeln der Bäume an.

Saurer Regen

Wenn Abgase mit Feuchtigkeit in Verbindung kommen, lösen sich die Schadstoffe und prasseln mit dem Regen auf die Erde nieder. Das nennt man dann „Saurer Regen". Er sickert in den Boden und bringt dort das Gleichgewicht ordentlich durcheinander: Er zerstört viele Nährstoffe, die für die Bäume wichtig sind. Außerdem sorgt er dafür, dass die feinen, kleinen Wurzeln der

Bäume absterben. Mit kaputten oder beschädigten Wurzeln kann ein Baum nicht mehr genug Wasser und die darin enthaltenen Nährstoffe aufnehmen und wird krank oder stirbt.

Auf den Blättern zerstört der saure Regen auf Dauer die oberste, schützende Schicht, die Wachsschicht. Diese Wachsschicht schützt die Blätter und den Baum vor dem Vertrocknen. Ist die Schicht angegriffen, verliert der Baum immer mehr Flüssigkeit.

Die Luftverschmutzung und der saure Regen machen den Baum also schwach und krank. Bäume haben – wie wir auch – Abwehrkräfte gegen häufige Krankheiten. Doch bei schwachen und beschädigten Bäumen sind die nicht mehr so stark und die Pflanzen können leichter von Pilzen oder Schädlin-

gen befallen werden. Außerdem werden die Bäume empfindlicher gegen Hitze, Kälte und Sturm.

Je mehr Abgase in die Luft gepustet werden und je mehr die Luft verschmutzt ist, desto größer ist auch die Belastung für die Wälder und den Waldboden.

Klimaerwärmung

Der Klimawandel und der damit verbundene Temperaturanstieg auf der Erde sorgen dafür, dass es in Zukunft mehr starke Wetterextreme geben wird als bisher. Es wird stärkere Stürme geben, große Hitzwellen und sehr kalte Winter. Das verschlimmert die Situation der Bäume noch.

Rodung

Aber nicht nur die vielen Abgase in der Luft und all die Folgen und Probleme, die das mit sich bringt, sind für die Bäume und den Wald eine Bedrohung. Wir Menschen gehen außerdem oft nicht nachhaltig mit dem Wald um, der viele Jahre gebraucht hat, um so hoch zu wachsen.

Um Flächen für Straßen, Häuser oder auch Skipisten zu gewinnen, werden oft ganze Wälder abgeholzt. Und um Nahrung anzubauen, werden Wälder gerodet oder abgebrannt. Das hat dann auch Auswirkungen auf den Boden. Was dabei mit dem Boden passiert, erfährst du ab S. 62.

Erste Hilfe für den Wald!

Papier aus Altpapier

Holz ist für uns ein wichtiger Rohstoff. Leg mal kurz das Buch beiseite und schau dich um: Was ist vor, neben und unter dir alles aus Holz gemacht? Stuhl, Tisch, Regal, Fensterrahmen, Spielsachen, Buntstifte, und, und, und – bestimmt entdeckst du eine Menge Sachen aus Holz in deiner Umgebung.

Von allen Bäumen, die auf der ganzen Erde gefällt werden, verarbeiten wir jeden fünften Baum zu Papier und Pappe. Dabei müssen zur Papierherstellung nicht unbedingt Bäume herhalten. Stattdessen kann Papier auch aus altem Papier hergestellt werden. Dieses „Recyclingpapier" ist zwar manchmal ein bisschen grauer als neues Papier, dafür ist es aber viel umweltfreundlicher, weil dafür keine neuen Bäume gefällt werden müssen. Dieses Buch, das du gerade in deinen Händen hältst, ist übrigens auch aus Recyclingpapier gemacht.

Wenn du dir das nächste Mal Schulhefte, Schreibblöcke oder Druckerpapier kaufst, dann achte darauf, Recyclingpapier zu nehmen. Das erkennst du entweder an der Aufschrift „aus 100% Altpapier" oder an einem bestimmten Symbol: dem Blauen Engel (siehe Seite 202).

Weitere tolle Tipps für echte Weltretter findest du ab Seite 100.

Boden

Was ist eigentlich Boden?

Als „Boden" bezeichnet man die obere Schicht der Erdkruste. Es ist also das, was du normalerweise als braune Erde wahrnimmst. Aber der Boden ist weit mehr als nur ein Haufen Erde. Er ist ein kompliziertes Ökosystem unter unseren Füßen.

Ein Teil des Bodens besteht aus organischem Material, das auch Humus genannt wird: Abgestorbene Pflanzenteile, tote Tiere und der Kot von Tieren fallen auf den Boden und werden dort zersetzt. Das erledigen Bakterien, Pilze und kleine Tierchen. Durch ihre Hilfe entsteht der fruchtbare, dunkelbraune Humus. Je weiter du unter die Erde kommst, desto weniger Humus findest du dort normalerweise.

Und dann sind da noch ganze viele so genannte Mineralteilchen wie Sand und Ton. Die bestimmen die Art des Bodens. Sandböden sind zum Beispiel sehr locker. Wenn der Boden aber viel Ton hat, ist er oft sehr schwer und klebrig. Für Pflanzen ist es dann nicht leicht, Wurzeln zu bilden.

Ein Boden enthält neben Humus und Mineralstoffen aber auch jede Menge Wasser, Luft und kleine Lebewesen. Der Boden ist also nährstoffreich, fruchtbar und lebendig.

Wofür ist der Boden wichtig?

Der Boden ist eines der wichtigsten Dinge, die wir auf der Erde haben. Nur auf dem Boden wachsen Obst und Gemüse, die wir ernten und essen können, aber auch Gras und andere Pflanzen, von denen Tiere sich ernähren.

Doch auch die Schichten darunter haben eine wichtige Aufgabe: Sie filtern das Regenwasser und machen es wieder sauber.

Du siehst also: Der Boden ist für uns und alles andere Leben auf der Erde sehr wichtig.

Wie geht es dem Boden?

Leider ist es so, dass auf der Erde immer mehr Boden zerstört wird. Jedes Jahr verschwindet ein riesiger Teil nutzbaren Bodens von der Erdoberfläche. Das kann man sich schwer vorstellen, oder?

Manchmal verschwindet der Boden, weil er tatsächlich einfach vom Regen weggespült wird, zum Beispiel, wenn er nicht mehr durch Baumwurzeln festgehalten wird. Es gibt aber auch Boden, den man einfach nicht mehr nutzen kann, weil er zerstört ist. Du kannst dann zum Beispiel immer noch Erde sehen, diese ist aber nicht mehr fruchtbar, das heißt, es kann nichts mehr darauf wachsen.

Schon heute ist ein Fünftel der Böden, die wir zum Anbau von Nahrungsmitteln nutzen, in Gefahr. Dabei ist nur ein kleiner Teil der Erde überhaupt für uns als Feld nutzbar.

Auf unserer Erde sind die verschiedenen Kontinente unterschiedlich stark von Bodenzerstörung betroffen. Besonders in Asien, Südamerika und Afrika sind schon viele Böden zerstört.

Wenn so viel Boden zerstört wird, ist auch die Ernährung der Menschen in Gefahr, denn ein fruchtbarer Boden ist die Voraussetzung dafür, dass wir Obst, Gemüse und Getreide anbauen können.

Wodurch wird der Boden zerstört?

Erosion

Wenn ganze Wälder abgeholzt werden, Land falsch genutzt wird und viel Erdoberfläche freiliegt, besteht immer die Gefahr, dass der Boden abgetragen wird. Das nennt man „Erosion". Zu Bodenerosion kommt es meist dann, wenn es regnet.

Es bilden sich Rinnsale, die die Erde mit sich tragen, manchmal wird auch einfach eine ganze Schicht abgetragen und so der Boden fast unbemerkt „tiefer gelegt". Der abtransportierte Boden wird oft in nahe gelegene Gewässer gespült und ist dann verloren.

Monokulturen

Ein Problem in der heutigen Landwirtschaft ist, dass auf großen Flächen oftmals nur eine einzige Pflanzenart angebaut wird. Das nennt man „Monokultur". In Monokultur angebaute Pflanzen sind zwar leichter zu ernten, aber sie ziehen immer wieder die gleichen Nährstoffe aus dem Boden. Irgendwann kann der Boden das nicht mehr ausgleichen.

Und selbst bei wechselnder Bepflanzung braucht ein Boden zwischendurch immer wieder ein bisschen Zeit, um sich zu erholen. Diese Zeit geben viele Landwirte ihren Böden aber nicht mehr. Das kann zur Folge haben, dass der Boden irgendwann unfruchtbar wird. Und das bedeutet dann, dass auf diesem Boden überhaupt nichts mehr wächst.

Überdüngung

Gerade dort, wo die Nahrung knapp ist, geht es oft darum, in kurzer Zeit möglichst viel zu ernten. Deshalb setzen die Bauern hier oft Kunstdünger ein. Das führt zwar dazu, dass die Pflanzen schnell wachsen, hat aber auch eine Kehrseite: Viele Kunstdünger (wie zum Beispiel Stickstoffdünger) schaden der Erde. Wenn wir zu oft damit düngen, kann nichts mehr auf diesem Boden wachsen.

Versalzung

Wenn man in einer trockenen Region etwas anbauen will, muss man diese Pflanzen oft und viel gießen, damit sie trotzdem wachsen. Das Süßwasser, mit dem die Pflanzen bewässert werden, enthält Salz. Zwar viel weniger als Meerwasser, aber genug, um auf Dauer Probleme zu machen: Wenn das Wasser nämlich aus der Erde verdunstet, verschwindet zwar das Wasser, das Salz bleibt aber im Boden.

Da es in trockenen Regionen nicht oft regnet, kann das Salz nicht wieder aus dem Boden gespült werden und der Boden wird immer salziger. Dort können dann die meisten Pflanzen nicht mehr wachsen.

Verdichtung der Böden

Zum Abholzen von Wäldern, aber auch beim Ernten von Gemüse und Obst, werden oft schwere Maschinen benutzt. Sie sind so schwer, dass sie die fruchtbare obere Bodenschicht ganz platt zusammenpressen.

Das Gleiche passiert, wenn große Mengen von Rindern auf einer Weide gehalten werden. Der Boden kann dann schlechter mit Wasser und Luft versorgt werden und die Wurzeln der Pflanzen können nicht mehr so leicht in die Erde eindringen.

Es geschieht dann etwas Ähnliches wie bei einem Trampelpfad im Wald: Wenn viele Menschen immer wieder den gleichen Weg durch den Wald nehmen, wird der Boden langsam zusammengedrückt. Es entsteht ein sichtbarer Pfad, auf dem nichts mehr wächst.

Versiegelung der Böden

Flächen, auf denen Häuser, Parkplätze oder Einkaufszentren gebaut werden, gelten als versiegelt. Statt mit brauner, fruchtbarer Erde ist der Boden dort mit Beton oder Asphalt bedeckt. Es gibt also keinen Zugang mehr zum Boden. Der Boden verliert damit seine Funktionen und auch Landwirtschaft ist nicht mehr möglich.

Gerade in großen Schwellenländern wie China werden in den nächsten Jahren noch viele Flächen versiegelt werden. Denn ebenso wie bei uns wollen die Menschen mobil sein und Auto fahren. Dafür müssen aber viele, viele Parkplätze und Straßen gebaut werden.

Schadstoffe

Auch im Boden sammeln sich Schadstoffe. Diese kommen entweder direkt über den Einsatz von Dünger oder Pestiziden in den Boden oder aber durch falsche Entsorgung von Abfällen. Und auch aus der Luft geraten über den sauren Regen Schadstoffe in den Boden. So versauern die Böden und es werden giftige Stoffe frei.

Und wie du schon weißt, ist durch eine Belastung des Bodens mit Schadstoffen immer auch das Grundwasser, also unser Trinkwasser, gefährdet.

NEIN!

Erste Hilfe für den Boden!

„Bio" essen

Du und deine Eltern, ihr könnt beim Einkaufen selber entscheiden, ob ihr Lebensmittel esst, die eher bodenfreudlich oder eher bodenschädigend angebaut wurden. Schaut am besten nach „Bio"- und „Öko"-Produkten.

„Bio" oder „öko" nennen wir Lebensmittel, die besonders umweltfreundlich angebaut worden sind. Die Bio-Bauern benutzen keine giftigen Spritzmittel für ihr Obst und Gemüse. Damit schonen sie die Umwelt und uns Menschen.

Auch Lebensmittel von Tieren, wie Fleisch, Milch, Eier oder Käse gibt es in „bio" oder „öko". Das bedeutet, dass die Tiere gut gehalten werden: Sie haben genug Platz, Auslauf im Freien und bekommen gesundes Futter.

Bio- oder Öko-Produkte sind meistens ein wenig teurer als andere Lebensmittel und vielleicht könnt ihr nicht alle Lebensmittel in Bio-Qualität kaufen. Das hängt natürlich auch damit zusammen, wie viel Geld deine Eltern für Essen ausgeben können und wollen. Aber die Faustregel „Bio ist besser!" stimmt eigentlich immer.

Weitere tolle Tipps für echte Weltretter findest du ab Seite 100.

Luft

Luft und Luftverschmutzung

Ohne Luft könnten wir Menschen und auch andere Lebewesen nicht auf der Erde leben. Wir atmen Luft ein und atmen sie wieder aus. Deshalb ist saubere Luft für uns genauso wichtig, wie genug zu essen und zu trinken zu haben.

Zwar ist überall um uns herum Luft, aber du kannst sie nicht sehen: Sie ist durchsichtig. Luft hat also keine Farbe und normalerweise riecht sie auch nach nichts.

Manchmal ist die Luft aber verschmutzt. Es kommen fremde und gefährliche Stoffe hinein und sie ist dadurch nicht mehr so, wie sie für uns und die Umwelt gut ist. Für Luftverschmutzung sorgen zum Beispiel Rauch, Abgase, Staub oder Dämpfe. Besonders gemein daran ist, dass du den Schmutz in der Luft nicht immer wie einen Fleck auf der Jeans sehen kannst. Trotzdem ist die Luft verschmutzt. Aus besonders kleinen Teilchen besteht zum Beispiel der Feinstaub*.

*Was ist eigentlich Feinstaub?

Feinstaub ist viel feiner als der Staub, den du zu Hause vom Abstauben kennst. Er entsteht, ähnlich wie CO_2, überall da, wo etwas verbrannt wird. Er kommt also aus Schornsteinen von Fabriken und Kraftwerken, aus dem Auspuff von Autos, aber auch von Heizungen oder bremsenden Gummireifen.

Feinstaub ist zwar so winzig klein und fein, dass wir ihn in der Luft nicht sehen können, aber er ist gefährlich für die Umwelt und für uns Menschen. Wenn wir zu viel von ihm einatmen, kann unsere Lunge oder unser Herz davon krank werden.

In einem gewissen Maße gab es schon immer Luftverschmutzung. Denn auch bei einem Waldbrand, wenn ein Blitz einschlägt oder wenn ein Vulkan ausbricht, werden auf einen Schlag viel Ruß und andere Stoffe in die Luft gewirbelt. Da so etwas aber nicht ständig vorkommt, ist die Natur früher mit solchen einzelnen Verschmutzungen sehr gut klargekommen und die Schadstoffe wurden nach und nach abgebaut.

Was passiert bei Luftverschmutzung?

Heute ist Luftverschmutzung ein großes Problem. Vor allem in den Städten ist die Luft sehr dreckig, denn hier entstehen besonders viele Abgase. Manchmal bildet sich über großen Städten eine richtige Wolke aus dreckiger Luft, das nennt man dann Smog*. Das ist so, als würdest du in dichtem Nebel stehen. Nur dass dieser Nebel eben nicht wie normaler Nebel aus Wasser besteht, sondern aus den Schadstoffen in der Luft.

Richtig stark verschmutzt ist die Luft an einigen Orten und in großen Städten in China, Japan, Russland, Südkorea, Indien, Indonesien und auf den Philippinen.

Schmutzige Luft kann bei uns Menschen zu schlimmen Krankheiten wie Krebs führen und die Lunge und das Herz krank machen.

*Smog:
Das Wort „Smog" setzt sich aus den englischen Wörtern „Smoke" (Rauch) und „Fog" (Nebel) zusammen.

Luftverschmutzung belastet also die Umwelt und ist auch ganz schlecht für unsere Gesundheit. Weil sie so gefährlich ist, wird und wurde in West- und Mitteleuropa schon viel dafür getan, die Luftverschmutzung zu verringern. Autos bekommen immer bessere Filter und auch die Müllverbrennungsanlagen haben mittlerweile gute Filter, damit nicht so viele Schadstoffe aus dem Müll, den wir loswerden wollen, in die Luft gelangen. Trotzdem sind noch längst nicht alle Probleme gelöst.

Wodurch wird die Luft verschmutzt?

Verkehr

Um uns ganz schnell fortbewegen zu können, haben wir Autos, Schiffe und Flugzeuge erfunden. Über 1 Milliarde Autos gibt es inzwischen auf der Welt. Und jeden Tag fliegen etwa 80.000 Flugzeuge am Himmel. Doch immer, wenn wir uns mit Hilfe dieser Verkehrsmittel fortbewegen, kommen Abgase in die Luft. Denn um voran zu kommen, wird Benzin oder ein anderer Treibstoff verbrannt. Und wo etwas verbrannt wird, entstehen Abgase.

Auch wenn du selbst nicht viel fliegst, mit dem Auto oder dem Schiff fährst, benutzt du doch oft Dinge, die einen weiten Weg zurückgelegt haben, bis sie bei dir zu Hause gelandet sind. Mangos oder Ananas wachsen zum Beispiel nicht hier bei uns in Europa und müssen mit dem Flugzeug, dem Schiff und schließlich dem Laster Tausende von Kilometern bis zu deinem Supermarkt gebracht werden. Auch dafür werden eine Menge Abgase in die Luft gepustet.

Fabriken, Industrie & Haushalte

Und dann gibt es in der Nähe von großen Städten meist noch eine Menge Kraftwerke und Fabriken, die auch große Qualm-wolken mit vielen Abgasen in die Luft pusten. In den Kraftwerken wird zum Beispiel der Strom hergestellt, den wir für den Computer, den Fernseher, den Herd, und so weiter brauchen.

Wir haben außerdem Fabriken, in denen unser Müll, den wir tagtäglich wegschmeißen, verbrannt wird. Und dann sind da auch noch die Fabriken mit vielen großen Maschinen, die die ganzen Dinge herstellen, die wir jeden Tag benutzen oder im Geschäft kaufen können. Von der Zahnpasta über die Ravioli aus der Dose bis zur Spielekonsole oder dem Auto.

Erste Hilfe für die Luft!

Wenig Auto fahren

Fahren dich deine Eltern oft mit dem Auto in die Schule, zu Freunden oder zum Fußball? Das geht natürlich ziemlich schnell und ist praktisch und bequem. Leider werden dabei aber immer schädliche Abgase ausgestoßen. Das schadet der Luft.

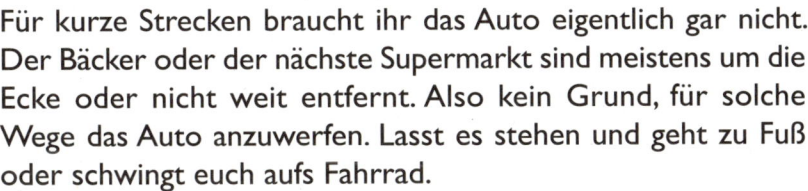

Für kurze Strecken braucht ihr das Auto eigentlich gar nicht. Der Bäcker oder der nächste Supermarkt sind meistens um die Ecke oder nicht weit entfernt. Also kein Grund, für solche Wege das Auto anzuwerfen. Lasst es stehen und geht zu Fuß oder schwingt euch aufs Fahrrad.

Wenn der Reiterhof, eine Geburtstagsfeier oder der Fußballplatz weit weg sind und es in der Nähe keine Haltestelle gibt, kommst du manchmal nur mit dem Auto dorthin. Aber auch hier könnt ihr an die Umwelt denken, indem ihr Fahrgemeinschaften bildet. Ihr könnt ja noch andere Freunde mitnehmen, die auch zum Geburtstag eingelanden sind, auch zum Fußballtraining oder in die Reitstunde müssen. Mit anderen Kindern zusammen ist die Fahrt im Auto auch nicht so langweilig.

Weitere tolle Tipps für echte Weltretter findest du ab Seite 100.

Müll

Wie entsteht Müll?

Hast du schon einmal versucht, einen ganzen Tag lang keinen Müll zu machen? Das ist ganz schön schwer!

Die Milchpackung ist nach dem Frühstück alle und landet im Müll, genauso wie die leere Müslipackung.

Fast alle Sachen, die wir im Supermarkt kaufen, haben eine Verpackung – meist aus dickem Karton oder aus Plastik. Sogar Obst und Gemüse sind im Supermarkt oft in Plastik oder Netze verpackt. Und die landen dann wie alles, was wir nicht mehr brauchen, im Müll.

Wir entsorgen aber nicht nur Müll von Verpackungen, die wir nicht mehr brauchen. Auch kaputte Kleider oder der kaputte Fernseher kommen weg. Manchmal geben wir sogar Sachen zum Müll, die noch gar nicht kaputt sind, einfach weil sie uns nicht mehr so gut gefallen und wir etwas Neues haben wollen: neue Möbel, neue Schuhe oder ein neues Handy zum Beispiel.

Fast 500 Kilogramm Müll wirft jeder Deutsche im Jahr weg. So viel wiegt etwa ein halbes Auto. Man schätzt, dass auf der Welt jeden Tag ungefähr 3,5 Millionen Tonnen Müll entstehen. Jeden Tag!

Eine Tonne sind 1.000 Kilogramm. Wie viel Müll das tatsächlich ist, kann man sich also kaum vorstellen.

Am meisten Müll verursachen die Menschen in Europa und in den USA. Doch andere Länder auf der Welt, in denen die Menschen auch immer mehr Geld haben, ziehen nach. Während in den Industrieländern die Müllmenge ganz langsam sinkt, entsteht in anderen Ländern immer mehr Müll.

Was passiert mit dem Müll?

Der Müll, den die Menschen auf der ganzen Welt wegwerfen, wird verbrannt, auf Deponien angehäuft oder landet direkt in der Natur. Und natürlich gelangen damit auch viele, viele gefährliche Stoffe in Luft, Wasser und Boden.

In Deutschland haben wir inzwischen ein relativ ausgeklügeltes Müllsystem. Das liegt nicht daran, dass wir so besonders schlau sind, sondern daran, dass wir einfach schon sehr lange sehr viel Müll verursachen. Und wir haben genug Geld, um den Müll teilweise umweltschonend zu entsorgen.

Wir trennen unseren Müll schon zu Hause und ein ziemlich großer Teil wird kompostiert oder anderweitig wiederverwertet. Gerade aus Papier, Glas und Verpackungen kann man wieder neues Papier, neues Glas und neue Verpackungen machen. Das nennt man Recycling. Trotzdem wird ein großer Teil unseres Mülls, vor allem der Restmüll, in Müllverbrennungsanlagen verbrannt.

Doch nur, weil man etwas verbrennt, ist es noch lange nicht einfach weg. Beim Verbrennen entstehen giftige Stoffe, die auch für die Umwelt schädlich sind.

Die Müllverbrennungsanlagen haben gute Filter, die dafür sorgen, dass genau diese Stoffe nicht mehr in die Luft kommen können. Das funktioniert ähnlich wie bei einem Kaffeefilter: Das Wasser kann durch, das Pulver aber nicht – nur dass hier eben die Schadstoffe nicht durch können.

Doch in den Filtern sammelt sich giftiger Staub und auch sonst bleiben giftige Stoffe zurück. Das ist dann Sondermüll, also richtig gefährlicher Müll, der auf ganz besonderen Mülldeponien entsorgt werden muss.

Und natürlich entsteht beim Verbrennen von Müll auch wieder Kohlendioxid und belastet das Klima. Außerdem fahren fast jeden Tag Müllautos durch die Städte und sammeln den Müll ein, den wir gemacht haben.

Müll wird also transportiert, sortiert, recycelt, verbrannt oder deponiert. Daran sind immer große Maschinen beteiligt, die viel Energie verbrauchen, dabei CO_2 ausstoßen und so das Klima belasten.

Besonders gefährlicher Müll

Wie du schon weißt, gibt es Müll, der ganz besonders gefährlich ist. Das gilt vor allem für Elektromüll und Sondermüll. Sondermüll sind hauptsächlich Abfälle mit giftigen Chemikalien. Da sie eine Gefahr für die Umwelt und die Menschen darstellen, müssen sie gesondert entsorgt werden. Das ist zum Beispiel bei alten Lackdosen oder Batterien der Fall.

Der Müll aus Elektrogeräten wie Handys oder Computern ist oft richtig giftig. Und oftmals landet dieser Müll über Umwege in armen Ländern in Afrika oder Asien. Er wird dort auf großen Deponien gelagert. Hier entstehen dann meist hochgefährliche Gifte, die der Umwelt und der Gesundheit der Menschen dort schaden.

In Regionen wie Lagos (Nigeria) oder Guiyu (China) findet man bereits sehr viele dieser Stoffe im Grundwasser und damit auch im Trinkwasser, das wir zum Überleben brauchen. Außerdem gelangen die Stoffe ebenso in die Flüsse und fließen dann ungereinigt ins Meer.

Der Großteil des Sondermülls stammt allerdings aus der Industrie. Diese Abfälle müssen ganz besonders behandelt werden. Sie werden bei noch viel höheren Temperaturen verbrannt als der normale Müll oder auf speziellen Mülldeponien gelagert.

Erste Hilfe gegen Müllberge!

Am besten Müll vermeiden!

Du siehst: Es ist gar nicht so einfach, den ganzen Müll, den wir so verursachen, auch wieder loszu-werden. Es ist schlecht für die Umwelt, kostet viel Energie und natürlich auch Geld. Am besten ist es also, wir sorgen von Anfang an dafür, dass gar nicht erst so viel Müll entsteht.

Ein gutes Beispiel: Leitungswasser trinken!

Nichts ist erfrischender und löscht besser den Durst als ein gro-ßes Glas Wasser! Das gibt es in vielen Formen: Aus der Glasfla-sche, der Plastikflasche oder dem Tetrapack. Oftmals legt das Wasser auch noch weite Wege aus dem Ausland zu uns zurück, ehe wir es trinken.

Diese Transportwege sind ja ohnehin schlecht für die Umwelt. Doch was du wahrscheinlich nicht weißt: Die Plastikflaschen zum Beispiel können nicht ewig wiederverwertet werden und ver-ursachen so viel zu viel Müll. Außerdem ist das immer eine ganz schöne Schlepperei.

Steig einfach auf das Wasser aus der Leitung um. Das ist genauso lecker, stillt deinen Durst und schadet der Umwelt nicht. Die Qualität ist übrigens mindestens genauso gut wie bei dem Was-ser aus der Flasche.

Weitere tolle Tipps für echte Weltretter findest du ab Seite 100.

Artensterben

Was bedeutet Aussterben?

Seit vielen Tausend Jahren verschwinden immer wieder ganze Tier- und Pflanzenarten: Mammuts, Dinosaurier, Säbelzahntiger und riesige Vögel haben alle mal irgendwann auf der Erde gelebt. Inzwischen gibt es sie aber nicht mehr – sie sind ausgestorben.

Eine Art ist dann ausgestorben, wenn sich nach langem Forschen und Suchen kein einziges Tier mehr finden lässt. Irgendwann einmal ist es bei fast jeder Art so weit, dass sie ausstirbt. Aussterben an sich ist also ein ganz natürlicher Vorgang auf der Welt.

Das Artensterben heute

Das Problem heute ist, dass jedes Jahr viel zu viele Tierarten aussterben. Im Vergleich zu früherer Zeit leben wir heute schon in einer ganz schön langweiligen Welt. So viele Tiere und Pflanzen sind bereits ausgestorben. Forscher schätzen, dass jedes Jahr zwischen 10.000 und 50.000 Tier- und Pflanzenarten auf der ganzen Welt verlorengehen. Insgesamt kann man solche Zahlen aber nur schätzen, schließlich weiß man bis heute nicht einmal genau, wie viele Tier- und Pflanzenarten es eigentlich genau auf der Welt gibt.

beherbergen sicherlich noch viele unbekannte Lebewesen.

Aber selbst, wenn der Mensch immer mal wieder eine der zahlreichen unbekannten Arten entdeckt, es sterben im Vergleich dazu einfach zu viele Arten aus. Deshalb spricht man heute auch von einem „Artensterben".

Gerade Gebiete, die nur schwer zugänglich sind, wie die Tiefen der Weltmeere oder riesige Urwälder,

Seit Bestehen der Erde gab es bisher fünfmal ein so genanntes großes Artensterben. Das hatte ganz verschiedene Ursachen, zum Beispiel Meteoriten, die auf die Erde fielen, Eiszeiten oder große Vulkanausbrüche. Das Artensterben heute liegt aber vor allem am Verhalten von uns Menschen.

Warum sterben so viele Arten aus?

Die Lebensräume werden zerstört

Das größte Problem ist, dass immer mehr Arten ihr Zuhause verlieren. Es gibt immer mehr Menschen und sie brauchen immer mehr Platz. Dabei nehmen sie wenig Rücksicht auf andere Lebewesen und ihre Lebensräume. Dort, wo eigentlich die Tiere und Pflanzen wohnen, bauen wir Menschen Häuser und Straßen oder pflanzen Getreide und Obst an. Dadurch vertreiben wir die Tiere und zerstören die Pflanzen.

Auf diese Weise verschwinden ganze Urwälder, Wiesen und Sümpfe und viele Tiere und Pflanzen haben immer weniger Platz zum Leben.

Die Umwelt wird ausgebeutet

Wir Menschen gehen leider nicht vorsichtig genug mit den Angeboten unserer Umwelt um. Das bekannteste Beispiel ist die Fischerei: Es werden so viele Fische gefangen, dass nicht mehr genug übrig sind, die Nachkommen bekommen können. Dadurch gibt es insgesamt immer weniger von ihnen. Einige Fischarten sind schon vom Aussterben bedroht, wie zum Beispiel der Rote Thunfisch.

Zu viel Dünger wird benutzt

Viele Bauern verteilen auf ihren Feldern so viel Gülle, dass die Pflanzen gar nicht alle Nährstoffe aufnehmen können. Diese werden dann durch den Regen weggespült und geraten in die Meere und in nährstoffarme Gebiete an Land. Im Meer führt das zu den so genannten toten Zonen. Hier können keine Tiere und Pflanzen mehr leben.

In nährstoffarmen Gebieten leben Pflanzen, die perfekt an ihre Umgebung angepasst sind. Ändert sich die Umgebung aber, und gibt es dort plötzlich viel mehr Nährstoffe, werden diese Pflanzen schon bald durch andere verdrängt.

Fremde Arten wandern ein

Fremde Arten, also Arten, die eigentlich nicht hier zu Hause sind, sind häufig eine Gefahr für andere Arten. Oft werden sie aus Versehen von den Menschen mitgenommen, zum Beispiel in einer Obstkiste. Manchmal werden sie aber auch mit Absicht ausgesetzt, um zum Beispiel Schädlinge zu bekämpfen. Oft haben sie in ihrer neuen Umgebung keine natürlichen Feinde und vermehren sich deshalb sehr schnell.

Dadurch verdrängen sie die heimischen Arten und nehmen ihnen den Lebensraum, also ihr Zuhause.

In einem Ökosystem hängen alle voneinander ab

Wenn eine Tier- oder Pflanzenart ausstirbt oder es plötzlich nur noch wenige Exemplare gibt, hat das oft auch starke Auswirkungen auf andere Lebewesen. Denn in einem bestimmten Lebensraum leben viele Arten zusammen und sind voneinander abhängig. Man spricht von einem „Ökosystem"*.

* So funktioniert ein Ökosystem:

Nehmen wir zum Beispiel einen kleinen Haselnussbaum. Er hat Blätter und Früchte, die Haselnüsse. Die Blätter werden von Raupen gefressen. Aus den Raupen werden Schmetterlinge. Die helfen bei der Bestäubung von Pflanzen und sind außerdem Nahrung für Vögel. Die Nüsse des Haselnussbaums werden gerne von Eichhörnchen gefressen. Sie legen unter der Erde Vorratskammern mit Nüssen an, vergessen aber oft, wo die Nüsse liegen. An diesen Stellen wachsen dann neue Bäume.

Das Eichhörnchen hat aber auch Feinde: Greifvögel, Marder, Füchse und Wildkatzen jagen Eichhörnchen und fressen sie, um zu überleben. Du siehst also: Alles beginnt mit einem Haselnussbaum und viele, viele andere Lebewesen hängen davon ab, dass es weiterhin Haselnussbäume gibt.

Welche Rolle spielt der Klimawandel?

Viele Tierarten wohnen nur in ganz bestimmten Gegenden der Erde und können anderswo nicht überleben. Sie brauchen eine bestimmte Nahrung, viel oder wenig Wasser und kalte oder warme Temperaturen, um sich wohlzufühlen.

Ein Eisbär könnte im Bayerischen Wald nicht überleben. Er braucht seinen Lebensraum in der nördlichen Polarregion, in der er heimisch ist. Durch den Klimawandel verschieben sich die Bedingungen auf der Erde aber. In Norwegen, wo es zum Beispiel normalerweise etwas kälter ist als bei uns, kann es bald schon so warm werden wie hier und hier vielleicht so warm wie in Italien.

Was das für die Arten bedeutet, ist noch nicht klar. Schon heute bemerkt man aber, dass zum Beispiel einige Walarten ihren Lebensraum weiter nach Norden verlegen. Ob sich alle Tiere und Pflanzen den Veränderungen des Klimas so gut anpassen können, kann man noch nicht voraussagen.

Die Rote Liste

Um zu erfahren, welche Tiere und Pflanzen vom Aussterben bedroht* sind, gibt es die so genannte „Rote Liste". Internationale Experten erstellen dafür ein Verzeichnis mit den Tier- und Pflanzenarten, die vom Aussterben bedroht oder generell gefährdet sind.

Außerdem zeigt die Liste an, wie stark sie bedroht sind und wie wahrscheinlich es ist, dass diese Art aussterben wird. In Deutschland ist zum Beispiel der Feldhamster vom Aussterben bedroht. Weltweit sind der Berggorilla, der Tiger und viele Walarten in Gefahr.

*Bedrohte Tierarten

Deutschland	International
Alpensalamander	Bestäuber (Bienen, Hummeln, ...)
Bekassine	Delfin
Blindschleiche	Hai
Feldhamster	Königskobra
Fischotter	Luchs
Goldammer	Meeresschildkröte
Kiebitz	Menschenaffen
Schweinswal	Nashorn
Steinadler	Roter Panda
Wanderfalke	Seeadler
Wiesenpieper	Tiger
Wolf	Wale
	...

Erfolge

Immer wieder gibt es aber auch gute Nachrichten. Nachdem in Deutschland lange Zeit keine Wölfe mehr lebten, kommen seit ein paar Jahren wieder freilebende Wolfswelpen zur Welt. Und Meeresforscher können berichten, dass es wieder mehr Buckelwale gibt!

Erste Hilfe für den Artenschutz!

Füttere die Wildbienen!

Bienen, Wildbienen, Wespen und Hummeln nennen wir „Bestäuber". Der Name verrät, warum diese Tiere ganz besonders wichtig für unsere Ökosysteme sind: Sie fliegen von Blüte zu Blüte, bestäuben Bäume, Sträucher und Blumen und sorgen so dafür, dass wir Obst und Gemüse ernten können. Leider sind viele Wildbienenarten vom Aussterben bedroht, aber du kannst ihnen helfen:

Säe Wildblumen! Die sehen nicht nur toll aus, sondern sind gleichzeitig ein richtiges Schlaraffenland für alle möglichen Insekten. Das Einzige, was du dafür tun musst, ist im Laden eine Tüte mit heimischen Wildblumensamen zu kaufen – und schon kannst du im Garten oder auf dem Balkon dein eigenes Wildblumenbeet anlegen.

Als Wohnung genügt Wildbienen ein Loch in einem Stück Holz, eine Spalte in einer Mauer oder eine Röhre in einem Ziegelstein. Ein Wildbienenhäuschen kannst du ziemlich leicht selber bauen: Bohre mehrere Löcher in einen Holzklotz oder binde Bambusrohre zu einem Bündel zusammen. Die Schlupflöcher sollten einen halben bis ganzen Zentimeter breit und mehrere Zentimeter tief sein.

Weitere tolle Tipps für echte Weltretter findest du ab Seite 100.

Jetzt bist du dran:
Rette die Welt!

Wissen alleine reicht nicht!

Im ersten Teil dieses Buches hast du erfahren, wie es unserer Umwelt geht. Du kennst jetzt die größten Probleme und die wichtigsten Zusammenhänge! Das ist super, denn es ist ein erster wichtiger Schritt, sich gut auszukennen. Du weißt jetzt, wie es der Umwelt geht und was schlecht ist für das Klima, den Wald oder die Meere.

Aber Wissen alleine reicht natürlich nicht aus. Man muss auch etwas tun, um etwas zu erreichen.

Du kannst etwas tun!

Jetzt bist du also an der Reihe! Und du kannst einiges mehr verändern und ausrichten, als du bisher vielleicht denkst. Vieles schaffst du alleine, bei anderen Dingen können dir Eltern, Großeltern, Freunde oder Lehrer helfen. Und das ist besonders toll, denn etwas Gutes für die Umwelt können wir am besten tun, wenn ganz, ganz viele mitmachen.

Auf den nächsten Seiten findest du ganz viele Tipps, wie du dabei jetzt sofort und jeden Tag mithelfen kannst. Keine Angst, das meiste ist ganz einfach! Und schon bei den ersten Tipps wirst du sehen, was für einen Spaß es macht, als kleiner Weltretter zu Hause, draußen, beim Einkaufen und in der Schule unterwegs zu sein.

Damit du dich leicht zurechtfindest, haben wir alle Tipps und Maßnahmen so geordnet, dass sie an deinen Alltag angepasst sind. So kannst du direkt dort loslegen, wo du gerade stehst, oder deine

nächsten Aktionen schon im Voraus planen. Ganz egal, ob du in der Schule oder zu Hause bist, die Heizung oder das Licht anmachst, die Zähne putzt oder einkaufen gehst, es gibt fast immer eine passende Aktion, die dich zum Weltretter macht.

Und damit du siehst, für welche Problembereiche deine Aktion besonders gut ist, findest du hinter jedem Tipp farbige Buttons. Sie zeigen dir auf einen Blick, worauf dein Einsatz ganz besonders positive Auswirkungen hat.

Natürlich haben die Asseln auch noch jede Menge zusätzliche Infos und besondere Tipps parat. Deshalb sind sie auch auf den nächsten Seiten immer mit dabei!

Aber jetzt leg einfach los und entdecke deine Weltretter-Kräfte!

So erkennst du, was die Aktion bewirkt

 Mit dieser Aktion schützt du das Klima.

 Wenn du diese Maßnahme umsetzt, schützt du Meere, Flüsse und Seen, aber auch das Trink- und Grundwasser.

 Danke, hiermit tust du etwas Gutes für den Wald!

 Diese Aktion schützt den Boden.

 Geschafft! Mit dieser Aktion sorgst du für weniger Luftverschmutzung!

 Hiermit machst du weniger Müll – oder sogar gar keinen!

 Diese Aktion ist optimal für alle Tierfreunde, denn du kämpfst damit für den Artenschutz.

Essen und Einkaufen

Lebensmittel aus der Region

Im Supermarkt ist das Angebot riesig. Hier findest du alles an Lebensmitteln, was du dir nur vorstellen kannst. Und hast du in der Obst- und Gemüse-Abteilung mal die Schilder gelesen? Da gibt es Äpfel aus Neuseeland, Weintrauben aus Marokko und Birnen aus Südafrika. Außerdem bekommst du im Laden auch irische Butter, holländische Eier, italienischen Käse und brasilianischen Orangensaft.

Du merkst schon: Diese Lebensmittel haben manchmal einen ganz schön weiten Weg hinter sich. Oft wurden sie Tausende von Kilometern mit dem Flugzeug oder dem Schiff transportiert. Das verursacht eine Menge Kohlendioxid und ist ganz schlecht für die Umwelt.

Achte beim Kauf also immer darauf, woher die Dinge kommen und nimm im Zweifel die, die einen kürzeren Weg hinter sich haben.

Wie erkenne ich Produkte aus der Region?

Sicher bist du mit deinen Eltern schon einmal über den Wochenmarkt gelaufen. Hier verkaufen die Bauern aus deiner Region ihre Lebensmittel wie Obst, Gemüse, Fleisch oder Eier.

Beim Einkaufen im Supermarkt ist es vor allem wichtig, die Augen offen zu halten. Bei Obst und Gemüse steht meist direkt auf den Schildern, woher die Sachen kommen.

Und auch bei Fleisch, Milchprodukten und Eiern ist es nicht so schwierig, die regionalen Produkte zu erkennen. Auf den Etiketten der Verpackungen kannst du normalerweise lesen, wo die Lebensmittel ihren Ursprung haben.

Manche Produkte aus der Region sind auch speziell gekennzeichnet, so dass du gleich mit einem Blick sehen kannst, dass das Produkt regional ist. Da geht es vor allem um zwei Zeichen:

Landeszeichen: In vielen Bundesländern gibt es Qualitätszeichen, die auch die regionale Herkunft der Produkte kennzeichnen. Die Zeichen garantieren, dass zumindest der größte Teil der Zutaten aus deinem Bundesland kommt.

Regionalfenster: Ziemlich neu ist das so genannte Regionalfenster. Anbieter von Lebensmitteln können damit ihre Produkte freiwillig kennzeichnen. Du siehst genau, wo das Produkt gefertigt wurde und wie groß der Anteil an Zutaten aus der Region ist.

Saisonal einkaufen

Jedes Obst und Gemüse hat seine Zeit, in der es reif zum Essen ist. Das nennt man Saison. Nicht nur regionales, auch saisonales Essen spielt eine wichtige Rolle, wenn du wirklich jeden Tag ein Weltretter sein möchtest. Denn wie du sicher weißt, wachsen Tomaten nicht das ganze Jahr über und auch Trauben oder Äpfel haben ihre eigene Jahreszeit, in der sie draußen wachsen und dazu auch besonders gut schmecken.

Wenn du sie dann zu einer Zeit kaufst, in der sie nicht hier bei uns an der frischen Luft wachsen können, kommen sie entweder von weit her oder sind aus dem Gewächshaus. Beides kostet wieder viel Energie und verursacht eine Menge CO_2.

Asseltipp: Welches ist denn dein Lieblingsobst und welches dein Lieblingsgemüse? Und isst du davon das ganze Jahr über? Such doch mal nach einer Alternative. Vielleicht lernst du so ja eine ganz leckere neues Gemüsesorte kennen und tust nebenbei noch etwas Gutes für die Umwelt.

Der Saisonkalender

Der Saisonkalender zeigt dir, wann welches Obst und Gemüse überhaupt reif ist.

Gemüse

Blumenkohl: Juli-Oktober
Champignons: Januar-Dezember
Zucchini: Juni-Oktober
Tomaten: Juli-Oktober
Radieschen: April-Oktober
Möhren: Juni-Oktober

Kartoffeln: Juni-Oktober
Kohlrabi: Mai-Oktober
Lauch/Porree: Juli-November
Salatgurken: Juni-September
Kopfsalat: Mai-Oktober
Kürbis: September-November

Obst

Äpfel: August-Oktober	Himbeeren: Juni-September
Birnen: August-Oktober	Pflaumen: Juli-Oktober
Kirschen: Juni-August	Rhabarber: April-Juni
Erdbeeren: Mai-Juli	Weintrauben: September-Oktober

Assel-Tipp: Kauf im Winter doch lieber Gemüse aus unseren Breitengeraden: Rosenkohl, Grünkohl, Weißkohl, Wirsing, Lauch, Pastinaken, Rote Beete und Schwarzwurzeln sind köstlich und müssen nicht extra eingeflogen werden!

Vorräte anlegen, ganz wie im Tierreich

Du kennst das bestimmt von den Hamstern: Die sammeln das ganze Jahr über ihre Vorräte für den Winter und leben dann ganze sieben bis neun Monate davon. Das funktioniert auch beim Menschen.

Weil Obst und Gemüse für uns so wichtig sind, aber nicht das ganze Jahr über alles wächst, können wir uns Vorräte zulegen.

Bei niedrigen Temperaturen – etwa vier Grad Celsius – kann man zum Beispiel Äpfel bis zu fünf Monate lagern. Und auch Möhren, Kartoffeln und Zwiebeln bleiben im Keller einige Zeit frisch. Such doch mal nach einem kühlen Plätzchen in eurem Keller oder auf dem Dachboden. Aber Vorsicht! Äpfel darfst du nie zusammen mit anderem Obst oder Gemüse lagern. Das führt sonst dazu, dass die anderen Sachen schneller verderben.

In einer Holzkiste oder auch in einem Pappkarton kannst du das Obst und Gemüse dann lagern. Berühren sollten sich die Früchte dabei aber nicht, sonst entstehen faulige Stellen.

Lageräpfel aus dem Supermarkt kaufen – eine gute Idee?

Vermutlich ist dir schon mal aufgefallen, dass du auch im Frühling deutsche Äpfel im Supermarkt bekommst. Die sind noch vom letzten Herbst und wurden ebenfalls gelagert.

Der Unterschied zu deinen eigenen Lageräpfeln ist aber der, dass sie ein halbes Jahr lang extra gekühlt wurden. Auch das kostet eine Menge Energie und sorgt dafür, dass viel CO_2 ausgestoßen wird.

Tatsächlich ist es sogar besser für das Klima, im Frühling einen Apfel aus Neuseeland zu kaufen, als einen Lagerapfel aus Deutschland. Kaum zu glauben, oder?

Wenn du jetzt aber selbst Äpfel im Keller lagerst, kostet das nicht extra Energie und du kannst mit gutem Gewissen auch im Frühling einen deiner Äpfel essen.

Alles Bio?

„Bio" oder auch „öko" nennen wir Lebensmittel, die besonders umweltfreundlich angebaut worden sind. Die Bio-Bauern benutzen keine giftigen Spritzmittel und keinen Kunstdünger für ihr Obst und Gemüse.

Auch Lebensmittel von Tieren, wie Fleisch, Milch, Eier oder Käse gibt es in „bio" oder „öko". Das bedeutet, dann dass die Tiere gut gehalten werden, sie haben genug Platz, Auslauf im Freien und bekommen gesundes Futter.

Bio- oder Öko-Produkte sind zwar meistens ein wenig teurer als andere Lebensmittel, dafür aber viel besser für die Umwelt und den Tierschutz. Und du wirst sehen, dass es für wirklich jedes Produkt eine Bio-Variante gibt: die leckeren Kekse, das Müsli, die Lieblings-Limonade.

Um Bio-Produkte auf den ersten Blick zu erkennen, gibt es verschiedene Kennzeichen auf den Lebensmitteln.

Die Bio-Siegel

Das EU-Bio-Logo

Das EU-Bio-Logo ist das wichtigste Zeichen für Bio-Lebensmittel. Wenn du auf einer Milchpackung, einer Flasche Saft oder einer Tiefkühlpizza das Logo und den zugehörigen Kontrollstellencode entdeckst, kannst du sicher sein, dass diese Lebensmittel nach den EU-Rechtsvorschriften für den ökologischen Landbau hergestellt wurden. Dabei gelten zum Beispiel hohe Umwelt- und Tierschutzstandards, es werden keine Pestizide und Chemie eingesetzt, keine Gentechnik verwendet und die Tiere bekommen genug Platz, gutes Futter und freien Auslauf.

Bio-Siegel einzelner Länder

Zusätzlich kann in einzelnen Ländern der Europäischen Union ein eigenes staatliches Bio-Siegel auf Bio-Produkten abgebildet sein. Hier siehst du zum Beispiel das deutsche Bio-Siegel.

Noch mehr bio!

Viele Bio-Bauern wollen aber die Umwelt noch besser schützen und ihre Tiere noch besser behandeln. Deshalb haben sie sich teilweise zu Anbauverbänden zusammengeschlossen und kennzeichnen ihre Produkte mit einem eigenen Zeichen. Die wichtigsten dieser Zeichen stellen wir dir kurz vor:

Bioland und Naturland

Die Anbauverbände Bioland und Naturland garantieren unter anderem, dass die Tiere ihrer Bauern noch mehr Platz haben, als nach den Vorgaben der EU-Bio-Verordnung, und nicht ewig mit dem Transporter herumgefahren werden. Außerdem darf noch viel weniger Gülle verwendet werden. Ein Bauer aus dem Bioland- oder Naturland-Verband kann außerdem nicht noch irgendwo ein Feld haben, das nicht bio ist, er muss alles, was er herstellt, in Bio-Qualität machen.

Demeter

Der Anbauverband Demeter hat die strengsten Regeln für Bioprodukte in Deutschland. Bei diesen Produkten wird also am wenigsten Dünger eingesetzt und dieser muss völlig unschädlich und rein natürlich sein. Außer-

dem werden die Tiere noch besser geschützt: Kühen dürfen zum Beispiel nicht die Hörner abgesägt werden – auch wenn du es von der Weide anders kennst, eigentlich hat nämlich jede Kuh Hörner!

Bananen möglichst nur bio

Bei Bananen solltest du besonders darauf achten, dass sie bio sind. Nur Bio-Bananen werden umweltfreundlich und wassersparend angebaut. Bananen aus herkömmlichem Anbau tragen dagegen zu Bodenzerstörung, Wasserverschmutzung, Vernichtung von Regenwald und der Zerstörung von Lebensräumen vieler Tierarten bei. Wenn man das weiß, schmeckt sowieso nur noch die Bio-Banane richtig lecker.

Wie erkenne ich Bio-Eier?

Vielleicht hast du dich schon mal gefragt, was da immer für ein Stempel auf deinem Frühstücksei ist? Die Eier haben einen ganz speziellen Code, damit man erkennen kann, woher sie kommen und wie die Hühner gehalten wurden. Der sieht zum Beispiel so aus:

0-DE-3345678

Die erste Zahl zeigt dir auf einen Blick, wie die Hühner gehalten wurden:

0 = Bio-Haltung
Die Hühner haben am meisten Platz (im Stall und im Freien) und werden nach den Regeln der ökologischen Landwirtschaft gehalten.

1 = Freilandhaltung
Zusätzlich zum Platz im Stall haben die Hühner immerhin Auslauf im Freien von mindestens 4 Quadratmetern pro Huhn.

2 = Bodenhaltung
Die Hühner sind nur im Stall. Dort dürfen sie sich zwar frei bewegen, aber es ist sehr, sehr eng. Das Tageslicht werden sie nie sehen.

3 = Käfighaltung
Die Hühner sind ganz eng mit anderen Hühnern in einen kleinen Käfig gequetscht. Sie können sich kaum bewegen und kommen auch niemals in ihrem Leben ins Freie.

Die Buchstaben danach stehen für das Land, aus dem das Ei kommt.

DE = Deutschland
AT = Österreich
NL = Niederlande

Die lange Nummer am Ende steht für den Betrieb, in dem das Ei gelegt wurde.

Guck doch gleich mal nach, wo eure Eier im Kühlschrank herkommen!

Ebenfalls eine gute Idee: Fairer Handel

Das Fair-Trade-Siegel garantiert, dass die gekennzeichneten Waren fair hergestellt wurden – das können Kakao, Obst, Zucker, Gewürze, Kleidung, aber auch Schmuck oder Geschirr sein.

Fair bedeutet, dass die Bauern oder Arbeiter genug Geld bekommen, gerecht behandelt werden und sie keine gesundheitsgefährdenden Arbeiten ausführen müssen. Außerdem werden mit den höheren Preisen für fair produzierte Produkte Bildung und Gesundheitsvorsorge bezahlt, damit es den Bauern, Arbeitern und ihren Kindern auch in Zukunft gut geht.

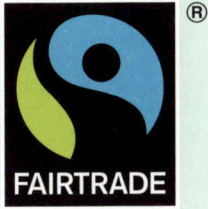

Iss am besten wenig Fleisch

Für viele von uns ist es ganz normal, jeden Tag Fleisch zu essen. Das fängt morgens mit der Salami auf dem Brot an, geht weiter beim Stück Fleisch zum Mittagessen und dann gibt es auch abends vielleicht nochmal Fleischwurst oder Schinken.

Fleisch zu essen ist aber für ganz viele Bereiche der Umwelt schädlich. Für die Viehwirtschaft werden Wälder abgeholzt, um Weideflächen zu gewinnen. Dann müssen Futtermittel produziert werden, um die Tiere zu ernähren. Das kostet Wasser und Energie. Kot und Urin der Tiere verschmutzen wiederum das Wasser. Und gerade Rinder pupsen auch noch sehr viel Methan aus – das ist ganz schlecht fürs Klima.

Versuche also am besten, keine Wurst auf dem Frühstücksbrot zu essen, sondern Marmelade. Oder mittags kein Fleisch, sondern Nudeln mit einer leckeren Soße. Und muss es das Würstchen als Pausen-Snack sein?

Du wirst sehen: fleischfrei zu essen schmeckt genauso gut. Ein Kompromiss wäre, nur an ein oder zwei Tagen in der Woche Fleisch zu essen. Na, wie klingt das? So musst du nicht ganz darauf verzichten und tust der Umwelt trotzdem sehr viel Gutes.

Was „kostet" die Herstellung von einem Kilo Rindfleisch?

Wasserverbrauch:
für 1 kg Rindfleisch: 15.000 l   für 1 kg Kartoffeln: 100 l

CO_2-Ausstoß:
für 1 kg Rindfleisch: 26 kg   für 1 kg Kartoffeln: 2,9 kg

Mit dem Wasser, das gebraucht wird, um ein Kilo Fleisch zu bekommen, könntest du mehr als ein ganzes Jahr lang täglich duschen.

Iss wenig tierische Produkte

Nicht nur Fleisch kommt vom Tier, sondern auch viele andere Lebensmittel, die du jeden Tag zu dir nimmst: Butter, Milch, Käse, Eier. Die Umweltprobleme sind dabei die gleichen wie bei der Tierhaltung für die Fleischproduktion.

Viele der tierischen Produkte kannst du durch nicht-tierische Lebensmittel ersetzen oder auch mal ganz darauf verzichten. Statt der Butter, die aus

Milch gemacht wird, kannst du zum Beispiel Margarine auf dein Brot schmieren. Und muss das Frühstücksei am Wochenende wirklich sein?

Schau einmal genau hin: Wo verstecken sich überall tierische Produkte in deinem Alltag? Du wirst erstaunt sein, wie viele davon du täglich verbrauchst. Versuche doch, hier und da nach einem Ersatz zu suchen.

Beim Essen noch mehr Wasser sparen

Beinahe die Hälfte aller angebauten Pflanzen auf der Welt muss künstlich bewässert werden. Besonders schlecht ist das dann, wenn in den Ländern, in denen die Sachen angebaut werden, Wassermangel herrscht. Hier findest du eine kleine Liste, in der du siehst, in welchen Lebensmitteln wie viel versteckstes Wasser steckt – das so genannte virtuelle Wasser.

1 Liter Olivenöl	14.000 l
1 kg Weizen	1.350 l
1 kg Reis	1.000 l
1 Liter Apfelsaft	950 l
1 Glas Orangensaft	850 l
1 Liter Kaffee	700 l

Wenn du darauf achtest, dass diese Dinge aus Ländern mit ausreichend Regen stammen, ist das meistens kein Problem. Vieles kannst du regional und saisonal kaufen. Manches wächst aber einfach nicht bei uns und wird gerade dort angebaut, wo Wassermangel herrscht. Für einige dieser Lebensmittel haben wir ein paar Einkaufstipps gesammelt, damit du weißt, wo sie wassersparend angebaut werden können. So kannst du beim Einkauf einfach auf der Verpackung oder auf dem Schild nachschauen, welcher Reis oder welche Orange ein Wassersparer ist.

So kannst du Wasser sparen:

	😟	🙂
Reis	China, Marokko, Pakistan Uruguay	Thailand, Indien
Orangen	Israel, Nordafrika, Südafrika	Italien, Griechenland, Türkei
Kaffee	Brasilien, Venezuela	Ecuador, Tansania Vietnam
Olivenöl	Afrika, Israel, Jordanien,	Portugal, Türkei, Italien, Griechenland

Quellen: Statistisches Bundesamt, www.wasserfussabdruck.org, www.umweltbundesamt.de www.virtuelles-wasser.de

Nie wieder Wasserflaschen schleppen

Nichts ist erfrischender und löscht besser den Durst als ein großes Glas Wasser! Das gibt es in vielen Varianten: aus der Glasflasche, der Plastikflasche oder dem Tetrapack. Und oftmals legt es auch noch weite Wege aus dem Ausland zu uns zurück, ehe wir es trinken.

Die Transportwege sind ja ohnehin schlecht für die Umwelt. Doch was du wahrscheinlich nicht weißt: Die Plastikflaschen können nicht ewig wieder verwertet werden und verursachen deshalb viel zu viel Müll. Außerdem ist das immer eine ganz schöne Schlepperei.

Steig einfach auf das Wasser aus der Leitung um. Das ist genauso lecker, stillt deinen Durst und schadet der Umwelt nicht. Die Qualität ist übrigens mindestens so gut, wie bei dem Wasser aus der Flasche.

Frischer Fisch

Isst du gerne Fisch? Die Fisch-theken oder auch die Tiefkühl-truhen im Supermarkt sind immer reich bestückt: Beson-ders gerne werden Lachs und Thunfisch gekauft, aber auch mal Rotbarsch, Seeteufel oder Zan-der. Bestimmte Fischarten sind aber stark gefährdet und sollten daher nicht mehr gefangen und gegessen werden.

Woher weiß ich, welchen Fisch ich essen kann?

Einkaufsratgeber von Umweltorganisationen sagen dir, welche Fische man essen sollte und welche nicht. Einen guten Ratgeber findest du auf der In-ternetseite des Umweltverbandes Greenpeace.e.V. Gib im Suchfeld „Ein-kaufsratgeber Fisch" ein und du kommst zum Dokument. Das Ganze gibt es aber auch als App. www.greenpeace.de

Inzwischen gibt es außerdem Siegel, die Fisch aus nachhal-tiger Fischerei kennzeichnen sollen. Am wichtigsten ist das MSC-Siegel.

Wenn du wild gefangenen Fisch oder Meeresfrüchte essen möchtest, achte auf dieses Symbol auf der Verpackung oder

auf dem Schild in der Fischtheke. Es steht für nachhaltige Fischerei, bei der die Meere nicht überfischt werden und möglichst keine Fangmethoden eingesetzt werden, die andere Fische, Vögel oder Säugetiere in Gefahr bringen.

Wenn du gezüchteten Fisch essen möchtest (zum Beispiel Forelle oder auch Lachs), kannst du außerdem auf das Bio-Siegel achten. Das garantiert unter anderem, dass die Fische genug Platz hatten und artgerecht gefüttert wurden.

Im Restaurant kannst du einfach den Kellner fragen, ob der Fisch bio ist oder aus nachhaltiger Fischerei stammt. Der weiß das oder erkundigt sich beim Koch.

Rettet den Thunfisch!

Besonders problematisch ist der Kauf von Thunfisch. Von ihm wurde in den letzten Jahren rücksichtslos so viel gefangen, dass er mittlerweile fast überall stark bedroht ist.

Die einzigen Arten, die man noch mit gutem Gewissen essen kann, sind der Bonito-Thunfisch aus dem Pazifik und der weiße Thunfisch aus dem Südpazifik. Achte hier unbedingt darauf, ausschließlich Thunfisch mit MSC-Siegel

 zu kaufen. Nur dann kannst du sicher sein, dass bestimmte Grundregeln für das artgerechte und nachhaltige Fischen eingehalten wurden.

O-Saft und A-Saft

Wusstest du schon, dass der Großteil (90%) des Orangensafts, den wir so gerne trinken, aus Brasilien kommt? Dass er einen so langen Weg bis zu uns zurücklegen muss, ist natürlich schädlich für die Umwelt.

Probier doch zum Beispiel lieber mal den leckeren Apfel- oder Birnensaft aus der Region. Der schmeckt herrlich frisch und musste garantiert nicht Tausende von Kilometern um die Welt reisen, bis er bei dir im Glas landet.

Wenn du gar nicht auf Orangensaft verzichten magst: Press lieber selber frische Orangen aus. Die gibt es nicht nur aus Brasilien, sondern sie werden auch in Europa angebaut.

Alles ist verpackt!

Fast alles, was du im Supermarkt so kaufst, ist verpackt. Es gibt sogar Packungen von Süßigkeiten, bei denen jedes kleine Teil noch einmal extra eingeschweißt ist.

Die Verpackung verursacht viel Müll und die Herstellung kostet zusätzlich Energie. Im Kapitel „Müll", S. 152, bekommst du viele tolle Tipps, wie du Müll vermeiden kannst!

Wasser sparen beim Klamottenkauf

Bei der Herstellung von Kleidung wird viel Wasser verbraucht. Für den Anbau von Pflanzen, die Weiterverarbeitung oder bei Leder natürlich auch beim Anbau von Futterpflanzen und als Trinkwasser für die Tiere.

Wenn du Kleidung gebraucht kaufst oder deine getragenen Sachen spendest oder verkaufst, sparst du also unglaublich viel Wasser ein, weil weniger Klamotten neu hergestellt werden müssen! Und Geld sparst du natürlich auch.

Wie viel Wasser das ist, glaubt man kaum! Für ein Paar Lederschuhe werden 8.000 Liter Wasser verbraucht, für eine Jeans 5.400 Liter und für ein Baumwoll-T-Shirt 4.100 Liter. Wenn du ein T-Shirt aus Baumwolle kaufst, verbrauchst du also so viel Wasser wie für 34 Vollbäder in der Badewanne zu Hause.

Es gibt auch Bio-Klamotten

Wenn dein neues T-Shirt aus Bio-Baumwolle ist, musst du dir wegen des Wassers, das verbraucht wurde, und seiner Umweltverträglichkeit etwas weniger Sorgen machen. Denn beim Anbau wurde auf Pestizide verzichtet. Somit wurde insgesamt weit

weniger Wasser verschmutzt und dadurch unbrauchbar gemacht. Das schützt auch Menschen, Tiere und Pflanzen in den Gegenden, aus denen die Fasern für dein T-Shirt herkommen.

Keine Blumen aus Afrika

Ein Blumenstrauß für Mama zum Muttertag? Kaufe möglichst keine Schnittblumen aus Afrika. Die Bewässerung ist unglaublich aufwendig und die Menschen dort können das Wasser selbst gut gebrauchen!

Frag beim nächsten Blumenkauf einfach nach Blumen aus Europa oder fair gehandelten Blumen. Wenn es bei euch in der Nähe Blumen zum selber schneiden oder pflücken gibt, ist das natürlich die umweltfreundlichste Idee!

Heizung und Licht

Schalte überflüssige Lampen aus

Mach das Licht einfach aus, wenn du aus deinem Zimmer gehst oder eine Lampe sonst gerade nicht brauchst. Mit diesem kleinen Klick des Lichtschalters kannst du eine ganze Menge Strom sparen und so etwas für unsere Umwelt tun.

Benutze Energiesparlampen oder LEDs

Auch Energiesparlampen helfen dir und deiner Familie, Strom zu sparen. Wenn ihr alle Lampen zu Hause gegen Energiesparlampen oder – noch besser – so genannte LED-Lampen austauscht, spart ihr richtig viel Strom.

Normale Glühbirnen verbrauchen nämlich fünfmal so viel Strom wie Energiesparlampen oder LED-Lampen.

Vergiss das Ladekabel nicht

Ziehe den Stecker von deinem Ladekabel aus der Steckdose, wenn dein Handy oder Tablet voll aufgeladen ist.

Denn Ladekabel ziehen auch dann Strom, wenn gerade kein Gerät angeschlossen ist – einfach dadurch, dass sie in der Steckdose stecken. Und auch, wenn der Akku des angeschlossenen Geräts voll aufgeladen ist, verbraucht das Ladekabel weiter Strom.

Schalte Elektrogeräte immer ganz aus

Auch, wenn du ein Gerät gerade nicht benutzt und einfach nur das rote Lämpchen leuchtet, verbraucht es Strom.

Fahre deshalb zum Beispiel den Computer immer herunter, wenn du ihn nicht mehr benutzt und lasse den Fernseher oder das Radio nicht auf Stand-by, wenn du nicht fernsiehst oder Musik hören willst.

Was bedeutet Stand-by?

Stand-by ist ein englischer Begriff und heißt so viel wie Ruhe-Einstellung. Das Gerät ist an, obwohl wir es gerade nicht benutzen und verbraucht Strom.

Nur, wenn kein Lämpchen mehr leuchtet und die Geräte richtig ausgeschaltet sind, verbrauchen sie keinen Strom. Deshalb drücke einfach bei allen Geräten, die du nicht brauchst, kurz den Ausschaltknopf oder ziehe den Netzstecker aus der Steckdose. Das dauert nur eine Sekunde, hilft aber viel.

Alles mit einem Klick

Eine ausschaltbare Steckerleiste mit Kippschalter hilft dir dabei, alle Geräte auf einen Schlag auszuschalten. Das ist richtig praktisch, wenn du dein Zimmer oder die Wohnung verlässt und keines der Geräte brauchst.

Wie das geht? Mit dem großen Schalter, der sich an der Steckerleiste befindet. Wenn du den betätigst, schaltest du alle Geräte mit einem Knopfdruck aus. Dann fließt hier auch kein Strom mehr. Das ist wieder ein Beispiel für eine ganz einfache Handlung, die einen großen Nutzen für die Umwelt mit sich bringt. Total praktisch, oder?

Benutze ökologische Suchmaschinen

Im Gegensatz zu den großen, bekannten Suchmaschinen im Internet werden die Server von ökologischen Suchmaschinen mit Ökostrom betrieben. Man nennt sie deshalb auch „Grüne Suchmaschinen". Manche Anbieter spenden sogar den Großteil der Einnahmen, die sie mit Werbung machen, an Umweltprojekte.

Eine bekannte ökologische Suchmaschine ist „Ecosia". Probier sie doch einfach mal aus und du wirst merken, dass das Suchen hiermit genauso gut funktioniert. www.ecosia.org

T-Shirt im Sommer – Pulli im Winter

Im Winter ist es nicht nur wichtig, sich draußen warm anzuziehen. Auch zu Hause ist es besser, sich einen kuscheligen Pulli überzuziehen, als die Heizung höher zu drehen und damit mehr Energie zu verbrauchen. Wenn du dich der Jahreszeit entsprechend anziehst, hilfst du also unserem Planeten. Und zumindest die ersten Wochen nach Beginn einer neuen Jahreszeit macht es doch auch Spaß, die neuen Klamotten aus dem Schrank zu holen, oder?

Die gesündeste Raumtemperatur liegt übrigens bei 19 bis 20 Grad. Miss doch zu Hause einmal nach, wie warm es bei euch so ist.

Viel hilft nicht immer viel

Klingt komisch, ist aber so: Es macht gar keinen Unterschied, ob du die Heizung auf Stufe 2,5 oder auf Stufe 5 drehst, im Raum wird es gleich schnell warm. Das heißt, wenn du es richtig schnell warm haben willst, bringt es nichts, die Heizung voll aufzudrehen.

Wenn der Heizkörper sich einmal erwärmt hat, wird es mit Stufe 5 im Raum nämlich nur viel wärmer, als du es zum Wohlfühlen bräuchtest – und das ist dann pure   Energieverschwendung. Stufe 5 der Heizung brauchst du also gar nicht.

Drehe die Heizung nachts runter

Es ist nicht gesund, in zu warm geheizten Räumen zu schlafen. Die Heizungsluft trocknet nämlich die Nase und den Rachen aus und das macht uns viel anfälliger für Erkältungen und Halsschmerzen.

Deshalb sollte es im Schlafzimmer nicht mehr als 20 Grad haben. Kuschel dich also lieber in eine dicke Decke ein, als die Heizung aufzudrehen.

Die beste Temperatur zum Schlafen liegt sowieso zwischen 16 Grad und 19 Grad. Also dreh die Heizung abends, wenn du zu Bett gehst, runter.

Stelle nichts vor die Heizung

Wenn du Möbel oder andere Dinge direkt vor die Heizung stellst und sie damit sozusagen „zumauerst", kann sie die Wärme nicht richtig abgeben.

Das bedeutet, du musst die Heizung viel höher aufdrehen, um die Luft im Raum zu erwärmen, als wenn nichts vorm Heizkörper steht.

Die Wärme, die von der Heizung ausgeht, ist außerdem nicht gut für die Möbel, die davor stehen, und kann sie angreifen. Je freier die Raumluft an der Heizung vorbeiziehen kann, desto schneller wird es im Zimmer warm.

Schließe die Rollläden

Nachts geht über die Fensterscheiben Wärme nach draußen verloren. Wenn du aber vor dem Zubettgehen die Rollläden oder Fensterläden vor deinem Fenster schließt, bleibt mehr Wärme im Zimmer.

 Du musst die Heizung dann weniger stark aufdrehen, um es warm zu haben und das ist prima für die Umwelt!

Stoßlüften

Es bringt viel mehr, das Fenster ein paar Mal am Tag für 5 Minuten weit aufzumachen, als es den ganzen Tag gekippt zu lassen. Das heißt Stoßlüften.

Durch das weit geöffnete Fenster kommt viel mehr frische Luft in dein Zimmer als durch ein gekipptes Fenster. Außerdem geht durch das kurze, aber starke Lüften nicht so viel Wärme verloren.

Beim Lüften: Heizung runterdrehen

Puh, ist das stickig. Du reißt das Fenster auf und lässt die Heizung dabei voll aufgedreht. Wir denken oft gar nicht daran, für die Zeit, in der wir durchlüften, die Heizung runterzudrehen. Dieser kleine Handgriff ist aber wichtig und verhindert, dass wir eine Menge Energie einfach so verpulvern.

Am Anfang fällt es dir vielleicht etwas schwer, daran zu denken, aber du kannst dir ja auch einen kleinen Zettel als Gedächtnisstütze in die Nähe des Fensters hängen. Du wirst sehen, schon bald geht das ganz automatisch.

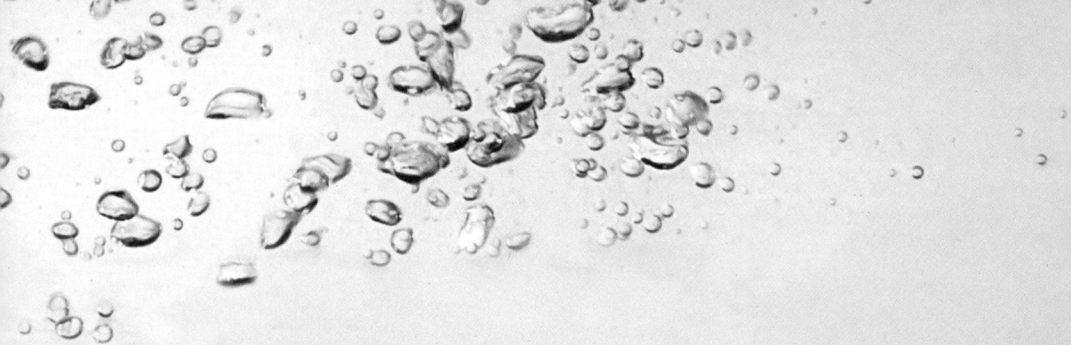

Im Bad

Strahlend weiße Zähne ...

... wer will das nicht? Aber wenn du erfährst, was alles in deiner Zahnpasta steckt, dann greifst du künftig vielleicht doch lieber zur Bio-Zahnpasta.

Viele Hersteller verstecken in ihren Pasten kleine Kügelchen, die versprechen, deine Zähne besonders weiß zu machen. In Wirklichkeit schaden sie deinem Zahnschmelz und der Umwelt. Denn diese Kugeln sind häufig so genanntes Mikroplastik. Das enthält jede Menge giftige Stoffe und gelangt über das Wasser in unsere Umwelt.

Da die Teilchen so klein sind, können sie kaum noch aus dem Wasser herausgefiltert werden, landen im Meer und in unseren Lebensmitteln. Sogar in Honig wurde schon Mikroplastik gefunden.

Der tropfende Wasserhahn

Möglicherweise ist das ein Geräusch, an das du dich schnell gewöhnst: der tropfende Wasserhahn. Aber das gleichmäßige Pitsch-pitsch-pitsch kostet Wasser. Schon ein einziger Wasserhahn, der nur

leicht tropft, verbraucht täglich um die fünf Liter. Im Monat wären das 150 Liter und im Jahr sogar knapp 2.000!

Also: Gib schnell deinen Eltern Bescheid und schau vielleicht einfach mal zu, wie man den Wasserhahn repariert. Das ist gar nicht so schwer und beim nächsten Mal kannst du bestimmt schon mithelfen.

Stell zwischendurch das Wasser ab

Du putzt dir die Zähne? Du wäschst dir die Hände? Dein Papa rasiert sich? Da kann zwischendurch ruhig das Wasser ausgeschaltet werden! Zum Mundausspülen reicht ein gefüllter Zahnputzbecher und beim Nassrasieren genügt es, einmal das Waschbecken zur Hälfte volllaufen zu lassen. Auf diese Weise kannst du eine Menge Wasser sparen.

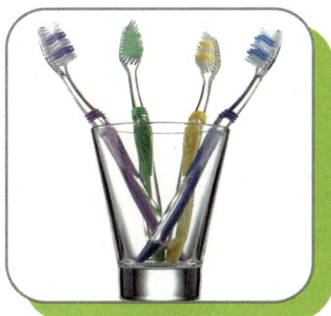

Durchflussbegrenzer im Wasserhahn

Durchflussbegrenzer – das klingt kompliziert. Aber eigentlich ist das einfach nur eine winzige Düse, die dafür sorgt, dass zwar weniger Wasser aus dem Hahn kommt, der Strahl aber trotzdem gleichmäßig und angenehm für Abwasch und Händewaschen ist.

Auf diese Weise sparst du etwa die Hälfte des Wassers – ganz ohne es zu merken! Solche Durchflussbegrenzer gibt es zum Beispiel im Baumarkt für ein paar Euro und sie sind ganz einfach einzubauen.

Duschen statt Baden

Klar, gerade in der kalten Jahreszeit geht nichts über ein angenehm warmes Bad, am besten mit gut riechendem Schaum, um die kalten Füße aufzuwärmen. Aber das kostet natürlich viel mehr Wasser und Energie als eine kurze Dusche.

Zum Vergleich: Für eine volle Wanne brauchst du um die 120 Liter warmes Wasser, für eine Dusche nur um die 60 Liter (bei ungefähr 5 Minuten Duschzeit). Das ist gerade mal die Hälfte.

Asseltipp:

Besonders Tapfere können auch während des Einseifens unter der Dusche das Wasser ausschalten! Und wenn du heute nicht so viel geschwitzt hast, dann wasch dich doch einfach gründlich mit einem Waschlappen, ganz ohne Dusche oder Bad. Dabei kommst du sogar mit maximal 5 Litern Wasser aus.

Wasserspartaste in die Toilette

Eine Familie verbraucht ganz schön viel Wasser allein durch ihre Toilettengänge. Um die 120 Liter sind das bei einer vierköpfigen Familie am Tag – eine ganze Badewanne voll.

Wenn ihr eine Wasserspartaste einbaut, spart ihr eine ganze Menge, nämlich um die 50 Liter am Tag! Die Wasserspartasten gibt es für etwa 30 Euro im Baumarkt.

In der Küche

Kühlschranktür zu!

Lass den Kühlschrank nie länger auf als nötig.
Denn wenn die Tür lange offen steht, kommt
viel warme Luft aus dem Raum in den Kühlschrank hinein. Dann muss er auf Hochtouren
laufen, um seine normale, kühle Temperatur zu
behalten. Dabei verbraucht er viel mehr Strom
als sonst.

Also: Tür immer direkt zumachen, wenn du etwas aus dem
Kühlschrank genommen hast.

Lasse warmes Essen abkühlen

Mmmh, der Pudding dampft lecker in seiner Schüssel. Jetzt muss er nur noch
kalt werden und dann hast du einen tollen Nachtisch.

Aber stell ihn besser nicht heiß in den Kühlschrank! Denn sobald sich warmes oder sogar
heißes Essen im Kühlschrank befindet, fängt der
an, auf höchster Stufe zu laufen.

Er tut dann nämlich alles, um möglichst schnell
wieder auf seine eingestellte Temperatur runter-
zukühlen. Das bedeutet, er braucht viel mehr

Strom als sonst. Denn je wärmer die Luft im Kühlschrank ist, desto mehr Energie braucht er, um sie wieder abzukühlen. Darum: Lass das Essen erst abkühlen, bevor du es in den Kühlschrank stellst.

Regelmäßig abtauen

An den Wänden eurer Tiefkühltruhe klebt eine dicke weiße Eisschicht? Dann ist es höchste Zeit, mal wieder die Tiefkühltruhe abzutauen. Diese Eisschicht erhöht nämlich den Stromverbrauch.

Deshalb ist es wichtig, den Gefrierschrank regelmäßig ganz von dem Eis zu befreien. Dann ist auch wieder viel mehr Platz in der Truhe, um leckere Sachen wie Eis oder gefrorene Früchte unterzubringen. Frag einfach deine Eltern, dann könnt ihr das Abtauen zusammen erledigen.

Asseltipp:

Damit sich die weiße Eisschicht an den Wänden der Tiefkühltruhe nicht so schnell bildet, ist es wie beim Kühlschrank auch bei der Tiefkühltruhe wichtig, dass du die Tür nie zu lange offen lässt.

Stimmt die Temperatur?

Achtet darauf, dass die Temperaturen im Kühlschrank und im Gefrierschrank stimmen! 7 Grad im Kühlschrank reichen nämlich aus, damit die Lebensmittel nicht verderben. Das heißt auch, dass er nicht auf der höchsten Stufe laufen muss.

Das Gleiche gilt für die Tiefkühltruhe. Dort sollten es immer minus 18 Grad sein – kälter muss es aber auch hier nicht sein, damit die Lebensmittel frisch bleiben. Jedes Grad kühler verbraucht wieder eine Menge mehr Strom.

Frag deine Eltern doch, ob ihr ein Raumthermometer habt, das du zum Temperatur-Test benutzen darfst. Das legst du einfach eine Stunde in den Kühlschrank. Dann schaust du nach, welche Temperatur es anzeigt. Sind es weniger als 7 Grad, könnt ihr den Kühlschrankregler runterdrehen.

Lieber mit der Spülmaschine

Klingt vielleicht erstmal komisch, ist aber wahr: Das Geschirr von der Spülmaschine waschen zu lassen, ist besser für die Umwelt, als es von Hand zu tun. Denn die Spülmaschine verbraucht ungefähr die Hälfte an Wasser (bei modernen Geräten weniger als 15 Liter) und auch wesentlich weniger Energie. Wichtig dabei ist aber, dass du das Spar-Programm einschaltest und dass du die Spülmaschine gut füllst.

Vorspülen ist meistens nicht nötig, aber du solltest Essensreste und grobem Schmutz vor dem Befüllen der Maschine in den Biomüll befördern.

Wenn das Geschirr nur leicht verschmutzt ist, reicht das Kurz- oder Sparprogramm bei niedriger Temperatur. Denn vor allem das Erhitzen von Wasser kostet eine Menge Energie.

Wenn du alle diese Tipps beachtest, kannst du jedes Jahr eine Menge CO_2 einsparen!

Putzmittel sparsam verwenden

Toll, dass du mithilfst, euer Zuhause sauber zu halten! Hier ist aber weniger oft mehr. Denn du brauchst gar nicht viel Putz- oder Spülmittel, um alles sauber zu bekommen. Zwei bis drei Tropfen davon auf mehrere Liter sind oft ausreichend.

Nach dem Putzen schüttet ihr das Putzwasser ja weg. Und übermäßiger Gebrauch von Putz- und Spülmitteln schadet unserem Grundwasser und den Tieren, die in den Gewässern leben!

Dasselbe gilt natürlich auch für Waschmittel. Auch hiervon sollte nicht zuviel in die Maschine.

Asseltipp: Überlege dir abends genau, welche deiner Klamotten wirklich in die Wäschetonne müssen, weil sie schmutzig sind, und welche du vielleicht noch einen Tag anziehen kannst.

Auf jeden Topf gehört ein Deckel

Kochen ohne Deckel ist Energieverschwendung. Das kannst du dir in etwa so vorstellen, als würdest du in deinem Zimmer die Heizung voll aufdrehen und dann alle Fenster weit aufreißen.

Ohne einen Deckel benötigst du beim Kochen etwa dreimal so viel Energie wie mit Deckel. Der Deckel sorgt nämlich dafür, dass die Hitze dort bleibt, wo du sie brauchst – im Topf. Ohne Deckel verbreitet sich die Wärme im ganzen Raum – da willst du sie aber gar nicht haben.

Immer auf die passende Platte

Wenn die Pfanne oder der Topf viel kleiner sind, als die Kochplatte, auf der sie stehen, geht viel Hitze verloren und du verbrauchst unnötig Strom. Eine etwas kleinere Platte würde für solch einen Topf locker ausreichen.

Also schaue immer, welche Herdplatte am besten zur Größe des Topfes oder der Pfanne passt.

Nicht erst im Topf auftauen lassen

Tiefgekühlte Lebensmittel solltest du nicht direkt im Topf auf dem Herd auftauen lassen – denn dazu brauchst du viel mehr Hitze und damit viel mehr Energie als nötig.

Also nimm Fisch, Gemüse und Co. schon eine Weile vorher aus dem Gefrierfach und lasse sie langsam im Kühlschrank auftauen.

Aufs Vorheizen verzichten

Du kannst darauf verzichten, den Backofen vorzuheizen, auch wenn es in den meisten Rezepten oder auf der Packung der Tiefkühlpizza draufsteht. Das lange Aufwärmen des Backofens ist meist gar nicht nötig und dadurch, dass du den Ofen insgesamt kürzer laufen lässt, kannst du ein Fünftel an Energie sparen.

Nur bei Blätterteig oder anderen komplizierten und empfindlichen Teigsorten ist das Vorheizen wirklich sinnvoll und nötig, damit das Gebäck gelingt.

Mit Umluft backt es sich am besten

Die „Umluft"-Funktion des Backofens spart im Vergleich zu Ober- und Unterhitze viel Energie. Wenn du nämlich den Backofen auf Umluft stellst, kann die Temperatur im Ofen ungefähr 20 bis 30 Grad niedriger sein und das Backergebnis ist gleich.

Mikrowelle nur für kleine Mengen

Eine Mikrowelle ist super, um fix Reste oder kleine Portionen aufzuwärmen. Aber schon bei einer Menge von 400 Gramm ist es sparsamer, die Reste auf dem Herd oder im Backofen warm zu machen.

Wasserkocher statt Herd

Wenn du einen Topf mit kochendem Wasser brauchst, zum Beispiel für Nudeln, ist es am besten, wenn du das Wasser dafür vorher in einem Wasserkocher zum Sprudeln bringst.

Mit dem Herd Wasser zu erhitzen, kostet mehr Energie, weil erst die Herdplatte und dann der Topf erwärmt werden, bis schließlich die Hitze beim Wasser ankommt.

Wenn du aber richtig viel Wasser kochen willst, lohnt sich der Herd. Denn wenn du den Wasserkocher ganz oft hintereinander anwerfen musst, um die Menge Wasser zu kochen, ist es nicht mehr sparsam.

Müll

Müll und Recycling

Inzwischen sind wir unglaublich viele Menschen auf der Erde und produzieren leider auch unglaublich viel Müll. Der verschmutzt unsere Böden und Gewässer und ist eine noch größere Gefahr, wenn er nicht richtig entsorgt wird.

Viele schlaue Köpfe überlegen, was wir mit dem Müll anstellen können. Einige hatten die Idee, dass man viele Abfälle wiederverwerten, also zu etwas Neuem machen kann. So lässt sich aus altem Papier neues herstellen und auch aus alten Glasflaschen können neue werden. Das heißt dann Recycling.

Insgesamt werden aber in Europa weniger als die Hälfte der Abfälle wiederverwertet. Deutschland ist unter den EU-Ländern aber immerhin Recycling-Spitzenreiter: Mehr als die Hälfte unserer Abfälle werden recycelt oder kompostiert.

Am allerbesten ist es, Müll zu vermeiden. Dann hat man kein Problem mit der Entsorgung. Was du dafür tun kannst, erfährst du hier.

Es gibt viele Maßnahmen die dabei helfen, die Umwelt weniger mit Müll zu belasten. Dazu gehört als Erstes mal die Mülltrennung:

Richtig Müll trennen

Wenn der Müll dann schon mal da ist, solltest du ihn unbedingt trennen! Die meisten Haushalte haben dazu viele verschiedene Mülltonnen. Da gibt es grüne, blaue, schwarze, braune und viele andere Tonnen, die dann jeweils für einen anderen Müll stehen:

Biomüll, Papiermüll, Plastik- und Verpackungsab-
fälle und viele mehr. Die verschiedenen Tonnen
helfen uns also, den Müll zu sortieren. Nur bei
richtig getrenntem Plastikmüll können zum Beispiel Verpackungen in die einzelnen Bestandteile
zerlegt und zu etwas Neuem gemacht werden.
Wenn Müll gut sortiert und entsorgt wird, kann
man die Umwelt wenigstens etwas entlasten.

Hier bekommst du nun einen Überblick über die verschiedenen Sorten
von Müll, darüber, was damit passiert, wenn unsere Tonne geleert wird, und
wie sich der Müll auf unsere Umwelt auswirkt.

 ## Biomüll/Abfälle von Lebensmitteln

Hmm, eine leckere Banane! Einmal aufgegessen, bleibt die Schale übrig. Entsorgen solltest du sie im Biomüll oder auf dem Komposthaufen. Denn hier
gehört all das hin, was von der Natur selber wieder zu Erde gemacht werden kann. Das sind in erster Linie auch die Dinge, die aus der Natur kommen, zum Beispiel Laub, Obstkerne, benutzte Kaffeefilter und Eierschalen.

Vielleicht habt ihr im Garten ja einen Komposthaufen? Dann wirf doch einmal die Bananenschale darauf und beobachte, was im Laufe der Zeit damit
passiert. Aber Achtung: Verwechsle den Biomüll nicht mit der freien Natur!
Natürlich darfst du jetzt nicht anfangen, deinen Bio-Müll einfach im Wald
zu entsorgen!

Asseltipp: Das Mindesthaltbarkeitsdatum (Mhd.) gibt an, bis zu welchem Datum ein Nahrungsmittel ohne Sorge gegessen werden kann. Wie das Wort schon sagt, ist es also mindestens bis zu diesem Tag haltbar.

Viele Menschen glauben, dass sie das Produkt nach diesem Datums nicht mehr essen können, weil es dann schlecht ist. Das stimmt aber nicht! Das Datum ist nur eine ungefähre Einschätzung für den Verbraucher und die Lebensmittelindustrie.

Papiermüll

Weltweit betrachtet ist Deutschland eines der Länder, das am meisten Papier verbraucht, nach den USA, China und Japan. Jede Person verbraucht über 200 Kilogramm Papier pro Jahr, das ist so viel wie 200 Packungen Mehl wiegen. Puh!

Papier wird aber auch in sehr vielen Bereichen verwendet: Toilettenpapier, Zeitungen, Verpackungen, Bücher ... Denk nur einmal daran, wie viel Papier du allein durch deine Schulhefte verbrauchst. Eine ganz schöne Menge, nicht? Und irgendwann werden sie dann einfach weggeworfen: in den Papiermüll. Hier landen aber nicht nur alte Schulhefte, auch Werbeprospekte, Schuhkartons oder Verpackungen aus Pappe werden dort hineingeworfen und dann zu neuem Papier, dem sogenannten Recyclingpapier, verarbeitet.

In Deutschland werden rund 80 Prozent des weggeworfenen Papiers eingesammelt und anschließend wiederverwertet. Das Recyclingpapier ist oftmals etwas grauer als das „normale" Papier. Das liegt daran, dass es bereits bedruckt war und es schwierig ist, alle Farbreste aus dem Altpapier zu lösen.

Woraus besteht Papier eigentlich?

Papier wird aus Holz hergestellt. Die Fasern der Bäume werden herausgelöst, mit Wasser vermischt und in einem speziellen Verfahren zu Papier verarbeitet. Dafür braucht man viel Energie, Wasser und auch Chemikalien. Außerdem werden für die Papierherstellung jährlich Millionen von Bäumen gefällt: Ganze Wälder verschwinden deswegen. Weltweit betrachtet wird jeder fünfte Baum, der geschlagen wird, für die Herstellung von Papier genutzt.

Asseltipp: Das wichtigste Umweltsiegel für Recyclingpapier ist der so genannte „Blaue Engel". Er zeigt an, ob zum Beispiel dein Toilettenpapier oder dein Schulheft aus 100% recyceltem Papier hergestellt sind.

Verpackungsmüll/gelber Sack

Verpackungen, die aus Kunststoff oder Metall sind, kommen in den gelben Sack oder – je nachdem, wo du wohnst – in die gelbe oder blaue Tonne. In den gelben Sack kannst du allerdings nicht jedes Plastikteil hineinwerfen. Alte Spielzeuge, CDs oder Kunststoffprodukte wie Eimer oder Gießkannen gehören hier nicht hinein. Wirklich nur der Verpackungsmüll, also zum Beispiel die Keksverpackung, der Joghurtbecher, Folien oder leere Nudelpackungen, werden darin gesammelt. Meist kannst du auch direkt auf dem Sack oder der Tonne nachlesen, was hinein darf.

Der Kunststoff wird dann eingeschmolzen, um neue Verpackungen oder andere Produkte daraus herzustellen. Ein Teil wird aber auch verbrannt, was natürlich wieder CO_2 verursacht. Außerdem wird das Plastik bei jedem Einschmelzen schlechter und kann deshalb nicht ewig recycelt werden.

Altglas

Klirr! Wirf die Glasflasche in den Glascontainer und wenn die Müllabfuhr die Tonne holt, wird aus dem Glas etwas Neues. Denn es kann eingeschmolzen und zu einer neuen Flasche oder neuen Gläsern werden.

Fast überall gibt drei verschiedene Glascontainer: Braun-, Grün- und Weißglas. Die Container stehen an vielen verschiedenen Orten in der Stadt. Hier hinein wirfst du alle Glasflaschen und Glasbehälter, für die du kein Pfand bekommst. Das sind dann Marmeladengläser, Gläser, in denen eingelegtes Obst oder Gemüse war oder Saucenflaschen.

Es gibt aber auch Glas, das nicht in den Glascontainer gehört. Dazu gehören die alte Glühbirne, kaputte Spiegel oder Fensterscheiben.

Asseltipp: Wohin mit blauem oder rotem Glas? Alle Flaschen, die weder weiß noch braun sind, kommen in den Grünglas-Container. Das geht, weil Grünglas beim Recycling ruhig mit anderen Farben vermischt werden darf.

Sperrmüll

Manchmal gibt es ein neues Kinderzimmer, eine neue Couch oder ein neues Fahrrad. Wohin aber mit dem alten, kaputten Zeug? Sicher hast du schon einmal gesehen, dass sich ab und zu kleine oder größere Berge mit alten Möbeln vor Häusern und Wohnungen auftun: alte Sofas, Wäscheständer, Matratzen oder Lattenroste.

Alle größeren beweglichen Dinge, die keinen Platz in einem der anderen Müllentsorgungssysteme finden, werden auf dem so genannten Sperrmüll entsorgt. Den kann man ganz bequem nach Hause vor die Tür bestellen.

Dieser Müll wird dann an einem vereinbarten Termin extra abgeholt, um ihn fachgemäß und gut getrennt zu entsorgen.

Elektromüll

Die meisten Elektrogeräte wie Handys, Computer oder Fernseher enthalten giftige Stoffe, die besonders gefährlich für die Umwelt sind. Deshalb darf man die nicht einfach zu Hause in die Mülltonne werfen.

In jeder Stadt gibt es aber einen Wertstoffhof oder Recyclinghof, bei dem ihr Elektroschrott kostenlos abgeben könnt. Und in manchen Städten gibt es sogar Container für Elektrogeräte direkt neben den Sammelstellen für Altglas oder Altkleider.

Sondermüll

Es gibt auch Dinge, die du nicht so leicht entsorgen kannst, weil sie vielleicht giftig, explosiv oder gesundheitsgefährdend sind – zum Beispiel Lackdosen, Öl oder Batterien.

Auch der Sondermüll darf auf keinen Fall in den Mülleimer bei dir zu Hause. Er gehört auf den Wertstoffhof, wo er gesammelt und speziell entsorgt wird.

Restmüll

Ganz am Ende, wenn du wirklich alles fein säuberlich getrennt hast, steht der Restmüll. Hier hinein kommt der Müll, den du in keinem der anderen Tonnen zur Mülltrennung unterbringen konntest, der kein Sonder- oder Elektromüll ist und der auch wirklich nicht mehr wiederverwertet werden kann. Hierzu gehören Dinge wie die volle Windel von deinem Geschwisterchen oder der volle Staubsaugerbeutel – ab in die graue Restmülltonne!

Heute wird dieser Müll (auch Hausmüll genannt) in modernen Müllverbrennungsanlagen verbrannt. Er wird mit der Bahn oder direkt mit den orangefarbenen LKWs der Stadtwerke zu den Verbrennungsanlagen gebracht.

Das bedeutet für uns: Je mehr wir von Anfang an den Müll trennen, umso weniger bleibt für den Restmüll übrig, der dann verbrannt werden muss und der Luft und dem Klima schadet.

Müll vermeiden!

Noch viel besser, als den Müll ordentlich zu trennen, ist es, erst gar nicht so viel Müll zu verursachen. Am besten fängst du mit den Dingen an, die du wirklich jeden Tag benutzt.

Woher kommt zum Beispiel das Wasser, das du trinkst? Wenn es aus Plastikflaschen kommt, dann verursacht jede leere Flasche Müll und schadet der Umwelt.

Asseltipp: Trink doch einfach Wasser aus dem Wasserhahn. Das schmeckt genauso gut und verursacht gar keinen Abfall.

Beim Briefkasten anfangen

Kennst du das, wenn der Briefkasten total voll ist und lauter bunte Werbeblätter drinstecken? Meistens guckt man sich die eh nicht an und die Zeitungen verursachen eine riesige Menge Papiermüll.

Um diese Papierflut zu stoppen, genügt es, dass du einfach ein Schild mit der Aufschrift „Keine Werbung" an den Briefkasten klebst. Dann werden die Zeitungen nicht mehr eingeworfen, du hast weniger Papiermüll und tust der Umwelt etwas Gutes.

Alles hat zwei Seiten

Dein Papier kannst du von beiden Seiten beschreiben. Das spart Ressourcen und verursacht so auch viel weniger Müll.

Zeitung als Geschenkpapier

Verpacke die Geschenke für deine Freunde doch mal in Zeitungspapier. Das kannst du auch noch bemalen, ganz wie es dir gefällt. So sparst du eine Menge unnötigen Papiermüll und es sieht auch noch richtig gut aus!

Happy Birthday!

Benutz an deinem Geburtstag kein Plastikgeschirr. Das verschmutzt die Umwelt unnötig. Nimm einfach das ganz normale Geschirr, das ihr jeden Tag zum Essen verwendet.

Flaschen mehrmals benutzen

Es ist besser für die Umwelt, wenn du Getränke in Flaschen kaufst, die mehrmals benutzt werden können. Sie heißen Mehrwegflaschen oder Pfandflaschen. Sie kommen in die Getränke-Fabrik zurück, werden dort gut gespült und können sofort wieder benutzt werden.

Einwegflaschen und Getränkedosen werden hingegen entsorgt, also zu Müll. Der kann zwar auch wieder verwertet werden, aber beim Einschmelzen entstehen viele schädliche Stoffe, die in unsere Umwelt gelangen.

Willst du deine Spielsachen loswerden?

Wenn Spielsachen, die du nicht mehr brauchst, noch gut erhalten sind, dann wirf sie nicht einfach weg. In Kindergärten, Schulen oder auch in deiner Stadt gibt es immer wieder Flohmärkte, auf denen du deine Spielsachen, Bücher, CDs, Kleider und Ähnliches verkaufen kannst. Damit schonst du nicht nur die Umwelt, sondern verdienst auch etwas zu deinem Taschengeld dazu. Natürlich kannst du deine alten Sachen aber auch für einen guten Zweck spenden.

Batterie alle?

Ständig neue Batterien in die Fernbedienung oder die Spiel-
konsole zu stecken, schadet der Umwelt sehr. Versuch doch
einmal, so viele batteriebetriebene Geräte wie möglich mit
Akkus zu betreiben. Damit spart man am Ende nicht nur
Geld, sondern tut der Umwelt einen ganz besonders großen
Gefallen.

Angst vor dunklen Flecken am Obst?

Bestimmt wirfst du so manches Obst oder Gemüse weg, obwohl du es eigentlich noch prima essen könntest. Das ist aber gar nicht nötig. Nur weil
die Banane ein paar braune Flecken hat, heißt das nämlich
noch lange nicht, dass sie schlecht geworden ist. Ganz im
Gegenteil: Mach doch eine leckere Bananenmilch daraus,
die schmeckt mit besonders reifen Bananen am allerbesten.

Mit jedem Apfel, der in der Mülltonne landet, schüttest du
zum Beispiel 70 Liter Wasser weg, die für den Anbau, die
Ernte und den Transport zum Supermarkt nötig waren!

Farbreste nicht einfach wegwerfen

Ihr habt mit tollen Farben experimentiert oder deine Eltern haben die Hausapotheke ausgemistet? Vorsicht! Farbreste, Lacke, Chemikalien oder Medikamentenreste dürfen nicht einfach in den Hausmüll oder Abfluss. Diese Dinge gehören auf den Recyclinghof. So könnt ihr sicher sein, dass ihre Entsorgung nicht unser Grundwasser belastet oder die Umwelt vergiftet.

Aus der Dose

Essen, das aus der Dose kommt, ist nicht an sich schlecht für die Umwelt. Aber die Dose ist es, denn die benötigt bei ihrer Herstellung sehr viel Energie und belastet damit das Klima mit so viel Treibhausgasen wie keine andere Verpackung.

Also statt der Tomaten aus der Dose besser die im Glas oder aus dem Tetrapack. Oder am besten frische Tomaten aus deiner Region — das geht aber natürlich nur im Sommerhalbjahr.

Unverpackt

Der gelbe Sack oder die gelbe Tonne ist für den Verpackungsmüll. Achte mal darauf, wie schnell die sich immer wieder von Neuem füllen. Puh! Wenige Tage und schon ist er wieder randvoll.

Das ist eine ganz schöne Katastrophe für die Umwelt, denn auch wenn wir den Müll trennen, verschwindet er dadurch ja nicht. Und leider kann auch nicht alles recycelt werden.

Am besten, du achtest schon beim Einkauf darauf, die Lebensmittel zu kaufen, die weniger Verpackung haben.

Beispiel Süßigkeiten

Du kennst sicher auch diese großen Packungen, in denen jedes Teil noch einmal extra verpackt ist. Das mag ja vielleicht ganz praktisch sein, wenn man an seinem Geburtstag Süßigkeiten in der Schule verteilen möchte. Aber natürlich ist das ganz viel überflüssiger Müll, der sich leicht vermeiden lässt.

Hier kannst du also schon beim Kauf darauf achten, dass nicht soviel Müll entsteht, indem du etwas anderes kaufst oder das Gleiche anders verpackt.

Möglichst wenig Plastik und Aluminium

Vermutlich werden das meiste noch deine Eltern kaufen und bezahlen. Aber achte doch beim nächsten Einkauf mit darauf, dass möglichst wenig Plastik und Aluminium in euren Einkaufswagen wandert. Um diese Materialien herzustellen, braucht man große Mengen Wasser und Energie. Und wenn sie später auf den Müllhalden liegen, können giftige Substanzen austreten und in unser Grundwasser gelangen.

Plastiktüten? Nein Danke!

Wenn du merkst, dass du die Einkäufe nicht einfach so nach Hause tragen kannst, kaufst du an der Kasse für ein paar Cent eine Plastiktüte. Die wandert dann in den Müll, wenn alles im Kühlschrank und in der Speisekammer verstaut ist. Das ist praktisch, aber schlecht für die Umwelt, denn Plastiktüten werden zu überflüssigem Müll und man braucht viel Energie, um sie herzustellen. Und es dauert Jahrhunderte, bis Plastiktüten, die einfach so in die Natur geworfen werden, abgebaut, also in ihre Bestandteile aufgelöst, sind.

Asseltipp: Auf Plastiktüten verzichten hilft der Umwelt. Eine zusammengeknüllte Stofftüte lässt sich prima in den Ranzen oder die Tasche stecken. So bist du auch für ganz spontane Einkäufe bestens gerüstet. Und ansonsten: Einkaufskorb oder Rucksack mit zum Einkaufen nehmen.

Garten, Balkon und Fensterbank

Lebensräume für Lebewesen

Wenn wir Menschen ein neues Haus oder eine neue Straße bauen, werden dafür oft Bäume gefällt und Wiesen zubetoniert. Die Tiere, die vorher an dieser Stelle gelebt haben, müssen sich dann einen anderen Ort zum Wohnen suchen. Den Ort, an dem ein Tier normalerweise lebt, nennt man Lebensraum. Jedes Jahr werden die Gebiete, in denen Tiere und Pflanzen ungestört leben können, ein bisschen kleiner. Daher ist es wichtig, dass wir uns um all die verschiedenen Arten von Lebewesen kümmern – zum Beispiel, indem wir versuchen, ihren Lebensraum zu erhalten oder sogar neuen schaffen! Das nennt man dann Artenschutz.

Um diesen Artenschutz kümmern sich große Naturschutzorganisationen, wie beispielsweise NABU, Greenpeace oder der BUND. Viele Menschen, die etwas für die Artenvielfalt auf unserer Erde tun wollen, spenden Geld an diese Verbände. Aber du kannst auch selber anpacken und etwas für die Tiere und Pflanzen tun. Und dabei ist es ganz egal, ob du in der Stadt oder auf dem Dorf wohnst und ob ihr einen Garten, einen Balkon oder nur eine Fensterbank habt.

In diesem Kapitel findest du viele kleine und auch größere Maßnahmen, mit denen du dafür sorgen kannst, dass sich die Tiere in deiner Umgebung wieder wohlfühlen. Du wirst staunen, wie viele spannende Dinge es dabei direkt vor deiner Haustüre in der Tier- und Pflanzenwelt zu beobachten gibt!

Im Frühling und Sommer

Säe Wildblumen

Wildblumen blühen nicht nur in vielen tollen Farben, sondern sind gleichzeitig ein richtiges Schlaraffenland für alle möglichen Insekten! Hier können sich Bienen, Hummeln, Schmetterlinge und Käfer nach Herzenslust den Bauch vollschlagen. Und wo es viele Insekten gibt, da kommen natürlich auch Vögel gerne auf einen Imbiss vorbei.

Für ganz wenig Geld bekommst du in Gärtnereien eine Tüte mit einheimischen Wildblumensamen. Wenn ihr einen Garten habt, kannst du ganz einfach selber ein kleines Wildblumenbeet anlegen. Der beste Zeitpunkt zum Säen sind die Frühlingsmonate März, April und Mai.

Asseltipp für alle, die keinen Garten haben: Eine ganz kleine Wildblumenwiese wächst übrigens auch prima im Blumenkasten!

So legst du ein Wildblumenbeet an

Zur Vorbereitung deines Beetes streust du am besten eine große Portion Sand auf die Erde und gräbst alles um. Der Boden sollte nämlich nicht zu nährstoffreich sein, damit nicht einzelne Arten wie beispielsweise Löwenzahn so schnell wachsen, dass sie allen anderen den Platz wegnehmen.

Jetzt verteilst du die Blumensamen auf der Erde, streust eine dünne Erdschicht darüber, drückst das Ganze leicht fest und gießt das Beet kräftig. In den ersten zwei Wochen sollte die Erde nie völlig trocken werden, damit die Samen gut aufgehen können. Nun brauchst du ein bisschen Geduld. Aber schon nach wenigen Tagen kannst du beobachten, wie die ersten grünen Halme aus der Erde hervorblitzen!

Wenn sich die Samen schließlich in eine richtige Wiese verwandelt haben, musst du sie eigentlich nicht mehr gießen. Weil es ja einheimische Pflanzen sind, sind sie bestens daran gewöhnt, mit dem Regen auszukommen.

Wiese statt Rasen

Wenn du möchtest, dass euer Garten ein schöner Lebensraum für alle möglichen Tiere ist, ist es wichtig, dass dort auch viele verschiedene Gräser, Blumen und andere Pflanzen wachsen dürfen. Pflanzenvielfalt ist für fast alle Tiere eine ganz wichtige Lebensgrundlage: Auf einem perfekt gestylten Zierrasen mit Kurzhaarschnitt fühlen sich vielleicht Fußballer wohl – Schmetterlinge, Marienkäfer und

Raupen wirst du in einer solch lebensfeindlichen Umgebung aber kaum finden. Am besten ist es also, die Wiese nicht zu oft und nicht alle Flächen gleichzeitig zu mähen, denn je höher das Gras, umso wohler fühlen sich die Tiere. Aber natürlich solltet auch ihr euch noch auf der Wiese wohlfühlen.

Pflanze Küchenkräuter

Schmetterlinge lieben alles, was duftet. Neben Blüten von Blumen und Sträuchern kannst du ihnen vor allem mit den Blüten von Küchenkräutern wie zum Bespiel Thymian, Majoran, Basilikum oder Salbei eine Freude machen.

Selbst wenn ihr nur einen kleinen Balkon oder eine Fensterbank habt: Für einen Kräutertopf oder Blumenkasten findest du bestimmt einen Platz! Küchenkräuter gibt's in jeder Gärtnerei und oft auch in Lebensmittelläden. Wenn das Pflänzchen blüht, kannst du dich auf die Lauer legen und beobachten, wer zuerst vorbeischaut: Ein Schmetterling? Eine Biene? Oder eine Hummel?

Ach ja, von den Kräutern hast du natürlich auch etwas: Was gibt es Besseres, als die Kräuter fürs Essen frisch zu pflücken?

Lass Brennnesseln wachsen

Brennnesseln sind nicht besonders beliebt. Klar, eine Pflanze, an der man sich weh tut, wenn man sie nur vorsichtig berührt, möchte man nicht unbedingt im eigenen Garten haben. Aber genau das ist der nächste Assel-Spezialtipp für dich: Lass Brennnesseln in eurem Garten wachsen!

Bei den Raupen von sechs der schönsten Schmetterlingsarten steht die Brennnessel nämlich ganz oben auf dem Speiseplan. Vier von ihnen, und zwar Tagpfauenauge, Admiral, Landkärtchen und Kleiner Fuchs, ernähren sich sogar von nichts anderem. Ohne Brennnesseln würden diese Arten einfach aussterben.

Wenn du eine kleine Brennnesselecke in deinem Garten wachsen lässt, tust du also wirklich etwas für den Artenschutz. Wenn in eurem Garten keine wachsen, frag doch mal beim Nachbarn nach. Vielleicht will der gerade eine loswerden. Im Frühling und Sommer musst du sie dann mitsamt den Wurzeln – und den brennenden Blättern – ausgraben und umpflanzen. Leichter hast du es im Herbst: Da kannst du den Stängel einfach abschneiden und brauchst nur die Wurzeln umzupflanzen.

Assel-Tipp: Damit sich die Brennnesseln nicht im ganzen Garten ausbreiten, kannst du ringsherum eine Wurzelsperre in der Erde verbuddeln. Das ist ein unterirdischer Zaun aus Kunststoff, den die Wurzeln nicht durchbohren können.

Wieso brennt eine Brennnessel?

Die Brennnessel wurde mit einer ziemlich schlauen Verteidigungsanlage gegen das Gefressenwerden ausgestattet: Auf der Oberseite der Blätter und am Stiel wachsen kleine, feine Brennhaare. Wenn man an so ein Haar kommt, bricht es ab und der Zellsaft, eine juckende Säure, läuft aus.

Irgendwoher wissen die Raupen der Schmetterlinge übrigens genau, wie man auf einer Brennnessel herumklettert und an den Blättern knabbert, ohne sich an ihr zu brennen: Sie fressen einfach ganz vorsichtig um die Brennhaare herum und sind dabei sogar vor ihren Fressfeinden geschützt. Die trauen sich an so eine Brennnessel nämlich nicht so einfach ran!

Pflanze heimische Pflanzen

Mit den meisten Pflanzen aus fernen Ländern können die Tiere, die bei uns zu Hause sind, nichts anfangen. Meistens schmecken ihnen diese fremden Pflanzen nicht, oder in ihren Blüten steckt kein brauchbarer Nektar für sie. Und manche sind für unsere einheimischen Tiere sogar giftig!

Es bringt ihnen also nichts, wenn du im Garten viele bunte, exotische Pflanzen pflanzt.

Es gibt allerdings eine Ausnahme: Der Sommerflieder (auch „Buddleja") ist zwar ein Exot, aber mit seinen duftenden lila- oder rosafarbenen Blüten ist er ein richtiger Schmetterlingsmagnet! Und auch Bienen fliegen auf ihn.

Frag doch mal deine Eltern, ob ihr mit einem Sommerflieder die Schmetterlinge in euren Garten locken wollt. Es gibt auch Mini-Sommerflieder, die werden nicht so groß und haben bequem auf dem Balkon Platz.

Sprüh kein Gift

Du baust mit viel Geduld ein paar Himbeerpflanzen an, gießt sie jeden Tag fleißig und freust dich schon darauf, bald die leckeren, roten Beeren ernten zu können. Doch plötzlich sind da Würmer und nagen an den Früchten herum. Ganz schön gemein, die wolltest du doch selber essen!

 Da klingt es natürlich verlockend, irgendein Schädlingsbekämpfungsmittel in den Garten zu sprühen, um diese ungebetenen Gäste loszuwerden, oder?

Mit solchen chemischen Mittelchen wirst du unerwünschte Tiere oder Pflanzen zwar oft wirklich los, sie sind aber auch für viele andere Gartenbewohner schädlich.

Schmetterlinge, Vögel, Igel und alle anderen Lebewesen, die du gerne bei dir im Garten hast, können von dem Gift krank werden. Oder sie finden nun wenig Nahrung, weil die Schädlinge, die du vergiftet hast, eigentlich ihr Mittagessen gewesen wären.

Dazu kommt, dass sich das versprühte Gift natürlich nicht einfach in Luft auflöst: Beim nächsten Regen versickert es im Boden und kann so auch ins Grundwasser und in die Flüsse gelangen.

Kaufe solche Schädlingsbekämpfungsmittel also besser gar nicht erst und mache dir stattdessen lieber ein bisschen mehr Arbeit beim Unkrautjäten oder dabei, die Würmer aus den Himbeeren zu sammeln.

Die Alternative zu Schädlingsbekämpfungsmitteln

Ganz ohne Chemie kannst du Unkraut einfach von Hand aus der Erde ziehen oder mit einem Unkrautstecher ausbuddeln. Und auch bei der Bekämpfung von so genanntem Ungeziefer gibt es biologisch sinnvolle Lösungen.

Fast jedes Tier hat natürliche Feinde. Falls sich bei euch zum Beispiel Blattläuse breitmachen, kannst du vielleicht einfach dafür sorgen, dass auch Ohrenkneifer zu euch kommen: Fülle einfach einen Blumentopf mit Holzwolle und hänge ihn verkehrt herum auf - dort fühlen sich Ohrenkneifer wohl. Nachts gehen sie dann auf die Jagd nach den leckeren Blattläusen.

Lege einen Komposthaufen an

Blumenerde für Topfpflanzen und Beete kann man natürlich in der Gärtnerei kaufen. Aber viel spannender ist es, wenn du deine Erde selber machst – mit einem Komposthaufen!

Über einen Komposthaufen in eurem Garten freuen sich außerdem jede Menge kleiner Tiere: Regenwürmer, Käfer und alle Arten von Krabbeltieren machen sich mit großem Appetit über Gartenabfälle und Essensreste her und verarbeiten sie zu frischer Erde.

So baust du einen Komposthaufen

Du brauchst:
- eine kleine, abgelegene Ecke im Garten
- Maschendraht
- etwas Bindedraht
- vier Pfosten (ca. 1 Meter lang und 2 Zentimeter dick)

 Schlage die Eckpfosten mit einem Hammer tief in die Erde, bis sie ganz fest im Boden stecken. Dann spannst du den Maschendraht wie einen Käfig rund herum und bindest ihn fest. Lass dir dabei von einem Erwachsenen helfen.

Ist der Kompost-Rahmen fertig, kannst du anfangen, ihn zu füllen: Ganz unten fängst du am besten mit groben Gartenabfällen an, also mit Zweigen und Ästen.

 Anschließend schichtest du abwechselnd Gartenabfälle (Gras oder Blätter) und Essensreste (Gemüse-, Kaffee- und Obstabfälle usw.) hinein.

Weil die krabbelnden und kriechenden Helfer vom Boden aus in den Komposthaufen einziehen, ist es wichtig, dass der Haufen unten offen ist und direkten Kontakt zum Erdboden hat. Im Laufe der nächsten Monate kannst du jetzt beobachten, wie der Biomüll in seinem Drahtkäfig ganz langsam zu Erde wird.

Asseltipp: Wenn du genauer beobachten willst, welche Tiere im Komposthaufen am Werk sind, kannst du auch eine der vier Drahtseiten durch eine Platte aus Plexiglas ersetzen – dann hast du einen Komposthaufen mit Fenster!

Rate mal, welche Tiere im Komposthaufen einfach unersetzlich sind? Genau, wir Asseln! Wir sind die Stars der Komposthaufen, denn abgestorbene Pflanzenreste sind unsere absolute Lieblingsspeise. Zum Dank für die tollen Mahlzeiten liefern wir dir selbstgemachte Humuserde der Extraklasse!

Baue ein Haus für Tiere

Jede Tierart hat eine etwas andere Vorstellung davon, wie ein perfektes Zuhause aussieht: Ameisen leben gerne in geselligen Haufen, Maulwürfe graben sich unter der Erde lange Gänge, Amseln bauen sich Nester und Bienen fertigen kunstvolle Waben. Hier findest du Ideen, wie du unterschiedlichen Tieren bei der Wohnungssuche helfen kannst: Bau ihnen doch einfach ein Haus!

Baue eine kleine Trockenmauer

Wenn ein Maurer eine Mauer baut, füllt er normalerweise zwischen jede Steinreihe eine dicke Schicht Mörtel, damit die Steine gut zusammenhalten. Doch mit ein bisschen Geschick kann man eine Steinmauer im Garten auch ganz ohne „Klebstoff" bauen, einfach, indem man die Steine aufeinanderschichtet. So etwas nennt man „Trockenmauer".

Das Besondere an einer solchen Mauer sind die Lücken und Hohlräume zwischen den Steinen. Denn sie bieten Wohnraum für viele nützliche Insekten. Wenn eine Trockenmauer in der wärmenden Sonne steht, kann es sogar sein, dass hier Eidechsen einziehen!

Eine kleine Trockenmauer in eurem Garten mit drei oder vier Schichten kannst du problemlos selber bauen. Alles, was du dafür brauchst, sind – richtig geraten! – Steine. Am einfachsten ist es, wenn du sie dir in deiner Umgebung zusammensuchst. Sammle dabei nicht nur große, sondern auch kleinere Steine; auch die brauchst du später zum Bauen.

So baust du eine Trockenmauer

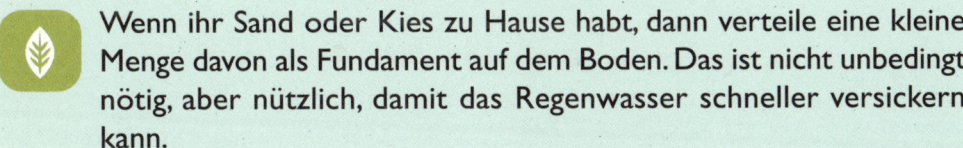

Wenn ihr Sand oder Kies zu Hause habt, dann verteile eine kleine Menge davon als Fundament auf dem Boden. Das ist nicht unbedingt nötig, aber nützlich, damit das Regenwasser schneller versickern kann.

Anschließend suchst du dir die größten Steine heraus, legst sie als Mauergrundriss nebeneinander auf den Boden und klopfst sie fest. Achte dabei darauf, dass die Lücken zwischen den Steinen möglichst klein sind. Das kann ein richtiges Puzzlespiel sein! Die übrigen Lücken füllst du mit kleinen Steinchen auf.

Bevor du die zweite Steinreihe darüberschichtest, streust du am besten ein bisschen Erde oder Sand auf die erste Reihe, damit die nächsten Steine wieder stabil obendrauf liegen können.

Jetzt folgt die zweite Reihe: wieder Puzzlespielen, mit Steinchen auffüllen, festklopfen, Erde draufstreuen, und so weiter. Hebe am besten ein paar größere, flache Steine für die obere Reihe auf, damit die Mauer einen schönen Abschluss hat. Nach diesem Prinzip kannst du deine Mauer jetzt so hoch, dick und breit bauen, wie du willst.

Und dann heißt es: warten, wer hier alles einzieht.

Asseltipp: Wenn du möchtest, kannst du die Mauer am Ende noch bepflanzen. Wie wäre es zum Beispiel mit ein paar Gänseblümchen oder Grashalmen in einer Mauerspalte?

Baue ein Insektenhotel

Eine Wespe, die beim Frühstück was von deinem Marmeladenbrot abhaben will, kann richtig lästig sein. Und ein Bienenstich tut ganz schön weh! Vielleicht kommt dir die Idee, genau diese Tiere mit einem Insektenhotel anzulocken, deshalb erstmal ein bisschen komisch vor?

Wildbienen, Wespen und Hornissen sind aber sehr nützliche Tiere: Sie bestäuben unsere Pflanzen und sorgen so dafür, dass wir Obst und Gemüse zu essen haben. Außerdem sind sie sehr gute Schädlingsbekämpfer, denn sie machen Jagd auf viele andere Insekten, die Schäden in unseren Gärten anrichten oder uns nachts mit ihren Stichen plagen.

So baust du ein Insektenhotel

Du brauchst:
- Rohre aus Bambus oder Schilf (die Löcher sollten einen Durchmesser von 3 bis 9 Millimetern haben)
- eine stabile Schnur, zum Beispiel Paketband.

 Säge die Rohre auf eine Länge von 10 bis 20 Zentimetern und verschließe sie auf einer Seite. Bambusrohre kannst du auch einfach direkt hinter einem Knoten absägen: An dieser Stelle hat das Bambusrohr nämlich eine natürlich Zwischenwand. Schilfrohre kannst du zum Beispiel mit einem Stück Watte dichtmachen.

 Binde die Rohre mit der Schnur zu einem Bündel zusammen und hänge es in mindestens einem Meter Höhe draußen auf.

Wenn einer Wildbiene, Florfliege oder Hummel dein Haus gefällt, sucht sie sich eine Kammer aus, sammelt darin genügend Proviant an, legt ein Ei in die Brutzelle und verschließt sie.

Manche Wildbienenarten dekorieren diese Zellen für ihre Kinder sogar mit Blütenblättern!

Angst vor Wespen?

Wenn du schon einmal von einer Wespe gestochen wurdest, war das übrigens kein böser Angriff auf dich: Wahrscheinlich hatte die Wespe Angst, weil sie sich von dir oder jemand anderem bedroht gefühlt hat.

Asseltipp: Solange du keine schnellen Bewegungen machst, die Wespe nicht fangen willst oder nach ihr schlägst, wird sie dir normalerweise auch nichts tun.

Baue ein Vogelhaus

Viele bei uns heimische Vogelarten sind „Höhlenbrüter". Das bedeutet, dass sie ihre Nester am liebsten in gut geschützten, geschlossenen Höhlen bauen, die nur ein kleines Einflugloch haben. In der Natur können das Baumlöcher, Felsspalten oder Erdhöhlen sein. Aber gerade in Gebieten, in denen viele Menschen leben, kann die Suche nach einer geeigneten Höhle ganz schön schwierig sein. Und auch in den Wäldern werden abgestorbene, höhlenreiche Bäume meistens gefällt und abtransportiert.

Es herrscht also Wohnungsnot bei den Vögeln. Wenn du ihnen hilfst, indem du ihnen ein Vogelhaus baust und an einem geschützten Plätzchen aufhängst, werden sie das bestimmt dankbar annehmen!

Bauanleitungen für die unterschiedlichsten Vogelhäuser findest du ganz schnell zusammen mit deinen Eltern im Internet. Schaut zum Beispiel auf der Internetseite des Umweltverbands NABU vorbei: www.nabu.de
>> Tiere & Pflanzen >> Vögel >> Was kann ich tun?

Baue einen Fledermauskasten

Fledermäuse sind ganz besondere Tiere: Auf der Jagd nach Insekten flattern sie blitz-schnell durch die Nacht, mit ihren Ohren können Sie auch im Dunkeln prima sehen und zum Ausruhen hängen sie sich am liebs-ten kopfüber an die Decke.

Fledermausmütter kümmen sich sehr für-sorglich um ihre Kinder und tun sich dabei oft in ihren Höhlen zu kleinen Fledermaus-krabbelgruppen zusammen.

Aber auch die Fledermäuse leiden unter Wohnungsnot. Wie du ihnen helfen kannst? Baue einen Fledermauskasten!

Asseltipp: Eine Bauanleitung für Fledermauskästen fin-dest du zum Beispiel auf der Internetseite der Waldjugend Hamburg: www.waldjugend-hh.de >> Dokumente

Im Herbst

Baue Brombeeren oder Himbeeren an

Himbeer- und Brombeersträucher sind Pflanzen, von denen fast jeder etwas hat: Die Früchte schmecken Menschen und Vögeln gut, Bienen und Schmetterlinge lieben den Nektar der Blüten und die Blätter sind Nahrung für viele verschiedene Schmetterlingsraupen.

Ein kleiner, grüner Schmetterling hat sogar seinen Namen daher, dass seine Raupen am liebsten die Blätter der Brombeer- oder Himbeersträucher fressen. Das ist der Brombeerzipfelfalter.

Wenn du bei dir zu Hause Himbeeren oder Brombeeren anbauen möchtest, ist die beste Jahreszeit dafür der Herbst, denn dann kannst du gleich im nächsten Sommer die ersten Beeren pflücken. Setzt du die Pflanze erst im Frühling, kann es sein, dass du noch über ein Jahr auf deine erste Ernte warten musst.

Asseltipp: Ein kleiner Beerenstrauch wächst übrigens auch super in einem Blumentopf auf dem Balkon!

Lass Laub lieber liegen

Wenn im Herbst die Bäume ihre bunten Blätter fallen lassen, packt viele Menschen die Aufräumwut. Mit Rechen und Laubsaugern machen sie im Garten nochmal richtig Ordnung, bevor der Winter kommt.

Viel besser ist es aber, zwei Fliegen mit einer Klappe zu schlagen: Wenn ihr Laub einfach zu Laubhaufen zusammenfegt, anstatt es mühsam einzusammeln und zu entsorgen, habt ihr weniger Arbeit. Gleichzeitig helft ihr damit ganz vielen Tieren dabei, den Winter gut zu überstehen. Denn wenn es im Herbst kalt wird, machen sie sich auf die Suche nach einem gemütlichen Platz für den Winterschlaf.

Igel verkriechen sich am liebsten in Laubhaufen, rollen sich zu einer Kugel zusammen und igeln sich im Laub richtig gemütlich ein. Auch viele Schmetterlingslarven, Raupen, Kröten, Käfer und natürlich auch Asseln finden in Blätterhaufen eine gute Unterkunft für die Wintermonate. Laub, das unter Bäumen und Sträuchern liegt, schützt übrigens auch die Wurzeln vor Frost.

Ein wetterfester Laubhaufen

Hat dir schon mal jemand morgens plötzlich die warme Bettdecke weggezogen, während du eigentlich noch schlafen wolltest? Brrr!

Genauso fühlt es sich an, wenn uns Asseln im Winter plötzlich die Laubdecke über dem Kopf weggepustet wird. Wenn du auf unseren Laubhaufen im Garten aber ein paar Zweige legst, wird er bei Wind nicht so leicht weggeweht!

Verschieb die Gartenarbeit auf den Frühling

Hier gibt es noch einen weiteren Tipp, wie ihr euch Arbeit sparen könnt:

Auch verblühte und abgestorbene Pflanzen solltest du im Herbst noch stehen lassen. Sie sind ebenfalls ein willkommenes Winterquartier für alle Arten von Kleintieren.

Verschiebt die große Garten-Aufräumaktion also einfach auf den Frühling, wenn die Gäste ausgeschlafen haben.

Sammeln und pflücken

Der Herbst ist eine tolle Zeit für alle Leckermäuler. Die Bäume hängen voller Äpfel und Birnen, an den Sträuchern kannst du Nüsse und Beeren pflücken und im Wald kannst du dich auf die Suche nach Pilzen oder Esskastanien machen. Mmmh, was es da alles zu ernten gibt!

Dabei solltest du allerdings auch daran denken, dass wir Menschen nicht die Einzigen sind, die sich an dem reichhaltigen Angebot der Natur bedienen wollen. Für viele Tiere ist es im Herbst ganz wichtig, noch einmal gut und reichlich zu essen, oder sich Vorräte anzulegen, bevor bald der Winter kommt. Du solltest also immer nur so viele Beeren und Nüsse sammeln, wie du gerade auch essen möchtest.

Ein Eichhörnchen oder Reh kann nicht einfach wie wir in den Supermarkt spazieren, wenn ihm der Magen knurrt. Die Tiere sind auf das Essen angewiesen, das sie in der Natur finden können.

Gerade bei Pilzen ist es wichtig, nur die Arten zu sammeln, von denen du sicher weißt, dass sie essbar und ungiftig sind. Es wäre ja schade, wenn die Hälfte der Pilze zu Hause im Müll landet, obwohl die Waldbewohner sie gerne selber verspeist hätten. Am besten nimmst du an einem Fleck auch nicht alle Pilze weg, sondern lässt immer noch ein paar stehen.

Im Winter

Eröffne ein Vogelrestaurant

Während Igel und viele Insekten die ungemütlichen Wintermonate einfach verschlafen, sind Vögel auch im Winter wach und auf Futtersuche. Arten, die in dieser Zeit nicht in den warmen Süden fliegen, sondern den gesamten Winter bei uns verbringen, haben es oft sehr schwer, genug zu essen zu finden. Im Winter wachsen ja keine Früchte, die Insekten haben sich zurückgezogen und Würmer kann man aus der hartgefrorenen Erde auch nicht so leicht herauspicken.

Willst du ihnen etwas zu essen anbieten? Dann bereite ihnen eine schmackhafte Wintermahlzeit zu!

So bastelst du ein Vogelrestaurant

Du brauchst:
- 200g Kokosfett
- 300g Vogelfutter (vor allem Sonnenblumenkerne und Haferflocken, wenn du willst noch Hanf- oder Mohnsaat oder Weizenkleie)
- einen kleinen Schuss Salatöl
- Backförmchen oder kleine Joghurtbecher
- Kleine Zweige und je eine Kordel pro Form

Erhitze das Kokosfett in einem Topf vorsichtig auf dem Herd. Die Herdplatte darf nur so warm sein, dass das Fett gerade so schmilzt. Sobald es flüssig ist, rührst du mit einem Löffel das Vogelfutter unter und gibst zum Schluss noch einen Klecks Salatöl dazu. Das macht das Ganze geschmeidiger, damit die Masse nicht so schnell brüchig wird.

 Die Masse gießt du anschließend in Förmchen und steckst, solange sie noch flüssig ist, ein paar Zweige hinein. An ihnen können sich die Vögel später beim Fressen festhalten. Auch die Kordel arbeitest du jetzt mit in die Masse ein. An ihr kannst du dein Vogelrestaurant später in einen Baum hängen.

 Ist die Masse festgeworden, kannst du sie aus der Form nehmen. Dein Vogelrestarant ist nun fertig und du kannst es draußen in einen Baum hängen. Wähle einen Platz aus, an dem es vor Regen geschützt ist, damit die Körner nicht feucht werden und anfangen zu schimmeln. Hänge es außerdem möglichst stabil auf, denn wenn die Vögel um den besten Platz am Futter rangeln, gerät deine Leckerei ganz schön in Bewegung.

Jetzt kannst du gespannt sein, welche Vogelarten dein Vogelrestaurant anzieht! Wenn sich die Vögel daran gewöhnt haben, bei dir Futter zu finden, solltest du die Fütterung nicht plötzlich stoppen, solange es draußen kalt ist. Du wirst merken, dass die Vögel gezielt zu deinem Knödel kommen, wenn sie Hunger haben. Wenn sie dann nichts finden, haben sie unnötig Energie verbraucht.

Hilf Kröten über die Straße

Jedes Jahr, wenn es am Ende des Winters draußen wieder wärmer wird, kriechen die Kröten und Frösche aus ihren Winterquartieren und begeben sich auf Wanderschaft, denn für die Weibchen ist es Zeit, ihre Eier – den Laich – abzulegen. Oft laufen sie kilometerweit und haben dabei nur ein Ziel: Sie wollen an genau den Teich zurückkehren, in dem sie früher selber als kleine Kaulquappe geschlüpft sind. Weil sie wissen, dass der Teich, aus dem sie kommen, ein prima Ort für Kaulquappen war, möchten sie, dass ihre Kinder auch an diesem Ort aus dem Ei schlüpfen.

Auf ihrer Wanderung müssen sie sich vor vielen Gefahren in Acht nehmen, zum Beispiel vor Störchen, Reihern und Krähen. Mit ein bisschen Vorsicht gelingt ihnen das aber ziemlich gut. Mit einem Feind rechnen sie allerdings nicht, und dieser ist ausgerechnet ihre größte Gefahr: das Auto. Eine Kröte wartet natürlich nicht geduldig am Straßenrand, bis die Straße frei ist, sondern läuft einfach ganz gemächlich weiter.

Manche Kröten finden sogar, dass man auf einer Straße viel besser vorankommt, als wenn man mühsam durchs Unterholz

kriecht. Deshalb laufen sie extra gerne auf der Straße. Und wenn die Sonne den Asphalt ein bisschen aufgewärmt hat, ist die sogar schön warm und für manche Kröten geradezu eine Einladung, mitten auf der Straße sitzen zu bleiben und sich gemütlich den Bauch zu wärmen. Logisch, dass das nicht lange gut geht!

Wie kannst du den Kröten helfen?

Es ist eigentlich gar nicht so kompliziert, die Kröten vor dem Überfahren-werden zu schützen: Hast du schon mal einen Krötenzaun gesehen? Das ist ein niedriger, aber ganz langer Zaun, den hilfsbereite Leute im Frühjahr an Straßen entlang aufstellen. Meistens stehen diese Zäune in der Nähe eines Teichs, weil hier besonders viele Kröten unterwegs sind. Für sie ist ein solcher Zaun ein unüberwindbares Hindernis. Damit sie trotzdem zu ihrem Heimat-Teich gelangen, müssen sie mindestens einmal am Tag eingesammelt und auf der anderen Straßenseite wieder ausgesetzt werden. Dabei kannst du helfen!

Bestimmt findest du auch in deiner Nähe eine Helfergruppe, die sich freut, wenn du sie beim Einsammeln von Kröten unterstützt!

Krötentragen? Oh nein, ohne uns! Für diese großen, quaken-den Ungeheuer sind wir armen Asseln nämlich eine Leib-speise! Das musst du schon alleine machen.

Vogelsichere Fenster

Dass wir Menschen eine Glastür nicht rechtzeitig erkennen und mit einem lauten Rumms dagegen laufen, kommt zum Glück nur selten vor. Das liegt daran, dass unsere Augen Glasscheiben ziemlich gut sehen können.

Doch bei Vögeln ist das anders: Wenn sie mit voller Fluggeschwindigkeit durch die Gegend flattern, sind Fensterscheiben und andere Glasflächen für ihre Augen oft fast unsichtbar – entweder weil sie so durchsichtig sind, dass die Vögel sie gar nicht wahrnehmen, oder weil sich darin der Himmel oder die Bäume spiegeln. Beim Aufprall auf eine Scheibe verletzen sich viele Vögel schwer oder sie sterben sogar sofort.

Besonders gefährlich sind große, verspiegelte Hochhäuser, aber auch die Fenster eurer Wohnung können eine Falle sein. Höchste Zeit, das betroffene Fenster vogelsicher zu machen!

Vogelschutz

Viele Leute kleben Aufkleber in Form von Greifvögeln an ihre Scheiben. Die Idee dabei ist, dass die kleinen Vögel vor den gefährlichen Umrissen ihrer Feinde erschrecken und schnell davonfliegen. Inzwischen hat sich aber herausgestellt, dass die Form der Aufkleber für ihre Wirkung ganz egal ist. Ob ein solcher Aufkleber überhaupt hilft, hängt ganz stark von der Größe und Lage des jeweiligen Fensters ab. Da hilft nur Ausprobieren. Möchtest du selber einen Vogelschutz basteln?

Bastle selber Aufkleber und Fensterdekoration

Weil es egal ist, welche Form dein Vogelschutz hat, kannst du deiner Fantasie beim
Gestalten freien Lauf lassen! Es gibt eigentlich nur eine Sache, auf die du achten
musst: Wenn du deinen Vogelschutz von
innen ans Fenster hängen würdest, würde
die Scheibe von außen immer noch genauso stark spiegeln. Deswegen ist es
wichtig, die Dekoration unbedingt an der
Außenseite der Fenster anzubringen.

Deshalb sollte dein Vogelschutz aus
möglichst wetterfestem Material bestehen. Nimm also keine Pappe, sondern
entwirf ein kunstvolles, buntes Objekt
aus Stoffresten, Moosgummi, Zweigen,
Perlen oder Holzstücken, gestalte ein
Bild mit Window Color oder rücke der
Scheibe direkt mit Fenstermalstiften zu
Leibe – du hast jede Menge Möglichkei-
ten!

Besprich vor der Aktion mit deiner Familie, was du vorhast, damit auch alle
mit dem neuen Fensterschmuck einver-
standen sind.

Creme den Aufkleber ein!

Dein Vogelschutz wirkt ganz besonders gut, wenn du die Vorderseite deines Fensterschmucks mit Sonnencreme einreibst! Sonnencreme? Warum denn das?

Es passiert ungefähr das Gleiche wie mit deiner Haut, wenn du dich selber eincremst: Sonnencreme lässt die (für uns teilweise unsichtbaren) Sonnenstrahlen nicht bis zu deiner Haut durch, sondern reflektiert sie, lässt sie also abprallen.

Und so ist es auch bei deinem eingecremten Fensterschmuck: Er wirft nach der Behandlung mehr Sonnenstrahlung zurück. Dadurch können Vögel das Hindernis viel besser sehen und kehren schnell wieder um.

Unsichtbarer Vogelschutz

Möglicherweise haben deine Eltern aber etwas dagegen, dass du zu Hause aus Vogelschutzgründen die Fenster zudekorierst?

Es gibt auch einen speziellen Filzstift, der Eltern und Vögel gleichermaßen glücklich macht: Mit dem „Birdpen" kannst du eure Fensterscheiben von außen mit großen Mustern verzieren. Diese sind für Vögel gut erkennbar, für uns Menschen aber völlig unsichtbar.

Nach dem gleichen Prinzip funktionieren auch durchsichtige Vogelaufkleber. Beides gibt es im „NABU Natur Shop":
www.nabu-natur-shop.de >> Vogelwelt >> Vogelschutz

Vögel sehen anders

Das Geheimnis hinter dem unsichtbaren Vogelschutz: Vögel können einen Bereich des Sonnenlichts sehen, den unsere menschlichen Augen nicht wahrnehmen können. Wenn ein Vogel einen Regenbogen betrachtet, sieht er also nach dem roten, orangen, gelben, grünen, blauen und violetten Bereich noch eine weitere Farbe: Diesen Bereich nennen wir „ultraviolette Strahlung" oder auch „UV-Strahlung".

Ein Tipp für Faulpelze

Je stärker ein Fenster spiegelt und je durchsichtiger die Scheibe ist, desto größer ist die Gefahr für Vögel. Eine gute Vogelschutzmaßnahme, die dir sicher gefallen wird, lautet deswegen ganz einfach: Fensterscheiben nicht zu oft putzen! Ein bisschen Staub auf der Scheibe hat schon so manches Vogelleben gerettet ...

Erste Hilfe für verunglückte Vögel

Vielleicht erlebst du diese Situation trotz Fensterdekoration mal: Peng! Ein kurzer, dumpfer Schlag am Fenster und alles, was du siehst, ist ein kleiner Vogel, der unter dem Fenster auf dem Boden liegenbleibt. Dann ist es gut, wenn du weißt, wie du dem verunglückten Tier am besten helfen kannst:

Meistens kannst du dem Vogel von außen gar nicht ansehen, ob er sich verletzt hat oder nicht. Wahrscheinlich hat er eine Gehirnerschütterung, ist aber äußerlich unverletzt. Er sitzt dann einfach ganz benommen da, atmet mit offenem Schnabel und kommt nur langsam wieder zu sich. Bis zu zwei Stunden kann das dauern!

Auch wenn du ihn vielleicht gerne trösten oder streicheln würdest, solltest du ihn möglichst nicht berühren, sondern ihm einfach Ruhe gönnen. Sorge aber dafür, dass er an einem sicheren Ort sitzt, an dem er vor Fußgängern, Autos und Katzen geschützt ist. Vielleicht musst du ihn also doch ganz vorsichtig an einen anderen Platz tragen. Zu essen oder zu trinken musst du deinem Patienten in dieser Zeit nichts anbieten, das braucht er jetzt nicht. Nach einiger Zeit wird er sich hoffentlich berappeln und dann – ganz plötzlich – wieder davonflattern.

Vielleicht siehst du dem abgestürzten Vögelchen aber auch an, dass es sich verletzt hat. Wenn einer seiner Flügel absteht oder verdreht aussieht, ist dieser wahrscheinlich verrenkt oder ge-

brochen. In diesem Fall hilfst du dem Vogel am besten, indem du dir einen Pappkarton suchst, ihn vorsichtig hineinsetzt und mit ihm zum Tierarzt gehst.

Manchmal kommt es leider auch vor, dass ein Vogel mit einer solchen Wucht gegen die Fensterscheibe fliegt, dass er sich beim Aufprall das Genick bricht und stirbt. Das ist natürlich sehr traurig und zeigt, wie wichtig es ist, die betroffene Scheibe vogelsicher zu machen.

Wenn du möchtest, kannst du unter einem Busch oder Baum ein Loch graben (mindestens 20 Zentimeter tief), den toten Vogel mit einem Stück Zeitung oder einer Schaufel aufheben und in der Erde begraben.

Regenwasser sammeln

Bei einem Wolkenbruch kommt mal ordentlich was runtergeregnet – ideal, um das Wasser zu sammeln! Beim nächsten kräftigen Schauer kannst du vorbereitet sein und einfach mal die Regentonne oder einen großen Eimer zum Einsatz bringen.

Und dann, wenn es wieder länger nicht geregnet hat und die Blumen gegossen werden müssen: Gießkanne aus deinem Vorrat befüllen – dann brauchst du kein frisches Wasser aus der Leitung.

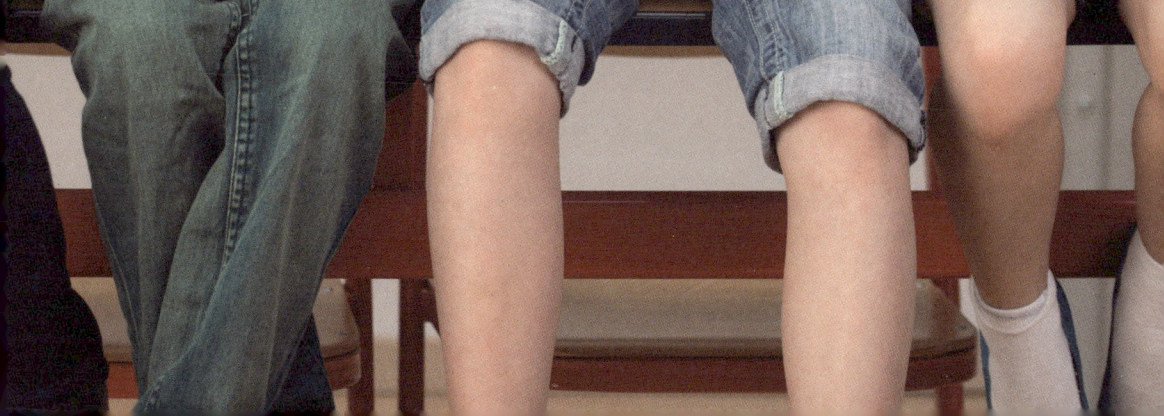

Für die Schule

Recyclingpapier

Wenn du Produkte aus Papier kaufst, wie Hefte, Schreibblöcke, Druckerpapier oder Malblöcke zum Beispiel, achte auf den „Blauen Engel". Der kennzeichnet Recyclingpapier aus 100% Altpapier. Dafür müssen also keine neuen Bäume gefällt werden, die Herstellung kostet weniger Energie und Wasser und es wird weniger CO_2 verursacht. Insgesamt also sehr gut für Umwelt und Klima.

Worin verpackst du dein Pausenbrot?

Wahrscheinlich kannst du dir inzwischen schon vorstellen, dass du dein Pausenbrot besser nicht mehr in Papier oder Folie einwickeln solltest. Viel umweltschonender (und auch noch bunter) ist es doch, wenn du eine richtige Brotbox benutzt. Darin bleibt alles schön frisch und du sparst eine Menge Papier- und Plastikmüll.

Und wenn deine Box mal unter die Schulbücher gerät, wird das Brot trotzdem nicht zerquetscht.

Leckerer Kakao

Wie praktisch sind doch Tetrapacks: Einfach in den Schulranzen stecken und in der Pause hat man Kakao, Milch oder Apfelsaftschorle. Strohhalm rein und losgeschlürft! Die Verpackung kommt dann in den Müll. Der Nachteil: Sie kann in der Form nicht noch einmal verwendet werden.

Meistens kannst du Kakao aber auch in wiederverwendbaren Glasflaschen kaufen – in so genannten Mehrwegflaschen. Steig doch darauf um und sei ein kleiner Weltretter – ganz nebenbei und jeden Tag.

Lieber streichen ...

... solltest du den Tintenkiller. Der löscht zwar das Geschriebene, schadet aber der Umwelt. Er enthält viel Chemie und verursacht vor allem eins: Müll! Streiche den Text also besser einfach durch. Das sieht sowieso viel ordentlicher aus!

Einfach auffüllen statt wegschmeißen

Vermutlich hast auch du im Tuschkasten eine Lieblingsfarbe. Die benutzt du dann besonders oft und schon ist sie leer. Doch das ist noch lange kein Grund, sich gleich einen neuen Tuschkasten zu kaufen. Die Farben gibt es im Laden auch einzeln nachzukaufen!

So braucht eigentlich jeder nur einen Tuschkasten in seinem Leben. Da freut sich die Umwelt!

Konverter statt Patrone

Wenn du deinen Füller mit Patronen füllst, entsteht regelmäßig Plastikmüll, denn die sind ziemlich schnell leer.

Einen Konverter kannst du immer wieder mit Tinte aus einem Tintenfass befüllen. Das macht keinen Plastikmüll und spart am Ende sogar Geld.

Anspitzen statt wegwerfen

Viel besser für die Umwelt ist es, wenn du statt Filzstiften einfach Buntstifte benutzt. Denn wenn Filzstifte leer oder ausgetrocknet sind, wirfst du sie weg und verursachst so jede Menge unnötigen Plastikmüll. Buntstifte hingegen sind aus Holz und können so von der Umwelt gut abgebaut werden. Du kannst sie immer wieder spitzen und bis zum Schluss verwenden, ohne dass sie austrocknen.

Wenn sie irgendwann zu kurz werden, kannst du sie mit einem Stiftverlängerer weiter benutzen. Willst du gar nicht auf Filzstifte verzichten, dann nimm welche, die du wieder auffüllen kannst.

Rot, gelb, grün oder blau?

Jedes Schuljahr wollen die Lehrer eine andere Farbe für deinen Heftumschlag. Und der vom Vorjahr? Wird oftmals weggeschmissen, weil er kaputt ist oder dir vielleicht nicht mehr gefällt. Plastikumschläge schaden dabei der Umwelt. Ersetze sie doch durch Umschläge aus Recyclingpapier. Die halten genauso lang und können später wieder zu neuem Papier recycelt werden.

Unterwegs

Gehe kurze Wege zu Fuß

Jede Fahrt mit dem Auto schadet dem Klima. Der Bäcker oder der nächste Supermarkt ist für die meisten um die Ecke oder nicht weit entfernt. Kein Grund eigentlich, für solche Wege das Auto anzuwerfen. Lasst es also stehen und geht zu Fuß. Der kleine Spaziergang tut nicht nur der Umwelt gut, sondern auch dir und deiner Familie.

Öfter Fahrrad fahren

Klar, viele Wege sind viel zu weit, um sie zu Fuß zu erledigen. Aber zu den meisten Zielen in deiner Stadt oder deinem Dorf kommst du sehr gut mit dem Fahrrad. Einkaufen, Freunde besuchen, zum Frisör gehen ...

Wenn du Fahrrad fährst, hilft das dem Klima und hält dich auch noch fit.

Der Schulweg

Das weißt du vermutlich selbst am besten: Ein Schulweg kann sehr unterschiedlich lang sein. Wenn es zu Fuß oder mit dem Fahrrad geht, ist das natürlich super. Die frische Luft macht dich vor dem Unterricht wach und du kannst vielleicht sogar mit Freunden gemeinsam zur Schule laufen oder radeln.

Ist es dafür zu weit, ist der Schulbus oder der Zug die beste Alternative. Nur, wenn deine Eltern sowieso um diese Zeit an der Schule vorbeifahren MÜSSEN, wäre das Auto keine ganz so fiese Umweltsünde.

Öfter mal mit Bus und Bahn

Was für die Schule gilt, gilt auch füs Einkaufen oder Besuchen von Freunden: Ist die Entfernung zu groß und kommen im Winter noch Schnee und Eis dazu, sind Laufen oder Radfahren nicht besonders verlockend.

Aber auch in solchen Fällen gibt es eine Lösung ohne Auto: Dann bringen dich die öffentlichen Verkehrsmittel wie Bus und Bahn ans Ziel!

Die pusten zwar ebenso wie Autos Abgase in die Luft, aber dadurch, dass viele Leute auf einmal damit fahren, ist die Luft- und Umweltverschmutzung geringer, als wenn nur du und dein Papa oder deine Mama im Auto sitzen.

Bildet Fahrgemeinschaften

Zum Judo, zum Reiten oder zum Geburtstag von deinen Freunden musst du manchmal einfach mit dem Auto gefahren werden, da der Reiterhof oder der Wohnort deiner Freunde weit weg ist und es keine Haltestelle in der Nähe gibt.

 (decorative – beetle illustration)

Doch selbst, wenn das Auto sich mal nicht vermeiden lässt, kannst du an die Umwelt denken: Bildet eine Fahrgemeinschaft.

Frag nach, wer von deinen Freunden noch zum Trainig geht oder auch zum Kindergeburtstag eingelanden ist. Wenn ihr noch ein paar andere Kinder mitnehmt, sitzt du nicht so ganz alleine mit deinen Eltern im Auto. Das ist nicht nur viel lustiger, sondern spart auch noch CO_2. Denn die Eltern deiner Freunde wären ja auch mit einem Auto zum gleichen Ort gefahren.

Wege klug verbinden

Auf dem Weg zum Klavierunterricht kommt ihr an einem Supermarkt vorbei? Wer Wege clever plant, kann unnötige Strecken vermeiden und damit etwas für die Umwelt tun. Das spart nicht nur Abgase und Energie, sondern auch Zeit und Geld.

Also bei Terminen immer überlegen: Was kann ich davor oder danach noch in der Nähe erledigen? So können mit einer Autofahrt gleich verschiedene Familienmitglieder zum Ziel gebracht oder in der Nähe Einkäufe oder Termine erledigt werden.

Verwandte besuchen

Wahrscheinlich wohnen auch einige deiner Verwandten oder Freunde sehr weit entfernt. Wenn ihr die besucht, denkt ihr vielleicht zuerst an eine lange Autofahrt.

Das ist für Fahrer und Beifahrer anstrengend und für dich oft langweilig. Wenn ihr ankommt, seid ihr dann meistens müde und vielleicht habt ihr

unterwegs sogar gestritten. Egal, für die Umwelt war das jedenfalls keine gute Entscheidung.

Plant euren nächsten Besuch doch mal mit dem Fernbus oder mit der Bahn. Dabei muss keiner am Steuer sitzen oder eine Straßenkarte lesen. Im Zug kannst du dir sogar zwischendurch die Beine vertreten oder aufs Klo gehen, ohne anzuhalten.

Ohne Flieger in den Urlaub

Klar, Ferien und Urlaub sind toll! Aber wenn wir woandershin reisen, dann legen wir meist weitere Strecken als sonst zurück. Viele Leute fliegen im Urlaub in andere Länder. Das pustet allerdings richtig viel Abgase in die Luft.

Wenn ihr gemeinsam schaut, dass ihr nicht so viel fliegt, dann tut ihr schon mal viel dafür, die Welt zu retten. In die Nachbarländer wie Frankreich, Dänemark, Holland, usw. kommt ihr auch mit der Bahn, dem Bus oder dem Auto. Auch die pusten Abgase in die Luft – aber lange nicht so viele wie ein Flugzeug! Denn beim Fliegen wird sehr viel CO_2 ausgestoßen.

Schaltet die Klimaanlage im Auto aus

Auch wenn du im Auto sitzt, das natürlich Abgase in die Luft pustet, kannst du trotzdem etwas fürs Klima und die Umwelt tun: Schalte die Klimaanlage aus!

Denn die verbraucht Sprit und erzeugt damit CO_2. Meist braucht man sie sowieso nicht und selbst, wenn es richtig warm draußen ist, kommt durchs leicht geöffnete Fenster beim Fahren ein erfrischender Fahrtwind rein, der dir kühl um die Nase weht.

Picknick statt Drive-In

Klar, Pommes schmecken toll. Aber hast du schon mal gesehen, wie viel Müll anfällt, wenn du bei einer der großen Burger-Pommes-Ketten etwas isst? Und weißt du, woher die Zutaten kommen und ob sie umweltschonend angebaut wurden? In den meisten Fällen wohl eher nicht.

Also packt euch für unterwegs doch ein leckeres Picknick ein. Für jeden das, was er mag. Das ist gut fürs Klima. Und die Pommes, die esst ihr dann einfach zu Hause aus dem eigenen Backofen oder der Fritteuse.

Zum Schluss

Du bist ein echter Weltretter!

Inzwischen hast du zusammen mit uns Asseln eine ganze Menge gelernt und außerdem gesehen, wie besonders und wertvoll unsere Erde ist. Toll, dass du bis zum Ende des Buches unser Begleiter warst.

Und noch toller ist: Du weißt jetzt nicht nur, DASS du selber ganz viel tun kannst, damit es unserer Erde wieder besser geht, sondern du weißt nun auch, WAS genau du tun kannst.

Du hast mittlerweile ein Gespür für die kleinen Sachen, die den Unterschied machen: Lässt du dich mit dem Auto zur Schule fahren oder nimmst du das Rad? Kaufst du fürs Backen die Eier aus Bodenhaltung oder die Bio-Eier? Legst du Dosenthunfisch auf die Pizza oder frisches Gemüse? Benutzt du Filzstifte und extra weißes Papier aus Frischfasern oder Recyclingpapier und Buntstifte ?

Du hast es in der Hand! Denn du weißt jetzt Bescheid und bist ab sofort ein echter Weltretter!

Mach weiter!

Natürlich kannst du nicht alle Umwelttipps auf einmal umsetzen. Darum blättere einfach immer wieder mal durch das Buch und versuche schrittweise, etwas in deinem Alltag zu ändern. Lass uns Asseln mit unseren Tipps zu deinem ständigen Begleiter werden.

So blöd das Gefühl ist, dass es unserer Umwelt nicht so gut geht, so schön ist es auch zu wissen, dass du mit dem, was du gerade in diesem Moment tust, unserem Planeten hilfst.

Vielleicht hast du sogar einen Bereich entdeckt, der dir besonders am Herzen liegt: Der Wald? Der Artenschutz? Oder das Klima? Möglicherweise hast du ja Lust, dich hier besonders einzubringen und vielleicht in einem Verein mit anderen Ideen zu sammeln, was wir noch tun könnten? Und wer weiß, vielleicht bist ja genau DU derjenige, der irgendwann die zündende Idee hat, wie man die Meere vom Müll befreien kann oder wie wir Autos und Flugzeuge nutzen können, ohne CO_2 in die Luft zu pusten!

Sag es weiter!

Zusammen mit deinen Freunden kommen dir sowieso immer die besten Ideen? Super! Rede doch mit anderen über deine neuen Erfahrungen: mit deinen Freunden, mit deinen Eltern oder mit den Lehrern in der Schule. Die können von dir bestimmt noch etwas lernen und wenn ihr euch zusammen Gedanken macht, fallen euch sicherlich noch viel mehr tolle Ideen für die Umwelt ein.

Und je mehr Leute mitmachen und zu kleinen Weltrettern werden, desto schneller geht es unserer Welt besser. Außerdem macht es zusammen doch gleich doppelt und dreimal so viel Spaß!

Bis bald!
Deine Asselbande

Wichtige Begriffe
kurz erklärt

In diesem Buch kommen viele komplizierte Begriffe vor. Immer dann, wenn sie das erste Mal genannt werden, erklären wir sie ausführlich. Manchmal willst du aber vielleicht auch später einfach mal schnell nachschlagen, weil du nicht mehr ganz genau weißt, was ein bestimmtes Wort bedeutet. Dann kannst du dieses Glossar (= Wörterliste mit Erklärungen) benutzen. Hier hat die Asselbande die schwierigsten Begriffe nach dem Alphabet sortiert und erklärt sie kurz und knapp.

Abgase:

Abgase sind gasförmige (-->„Gas") schädliche Stoffe, die die Luft verschmutzen. Sie werden zum Beispiel von Autos und Kraftwerken ausgestoßen.

Abwasser:

Abwasser ist Wasser, das von den Menschen schmutzig gemacht wurde, zum Beispiel durch das Waschen von Wäsche oder durch die Benutzung der Toilette.

Art:

Es gibt viele Millionen Arten auf der Welt. Dazu gehören Tier- und Pflanzenarten. Alle Tiere einer Art haben gemeinsame Eigenschaften, die sie von anderen Arten unterscheiden. Eine Art ist zum Beispiel die Rotbuche oder der Asiatische Elefant.

Artenschutz:

Artenschutz bedeutet, die Arten und ihre Vielfalt auf der Erde zu schützen.

Artensterben:

Seit Millionen von Jahren gibt es immer wieder Arten, die aussterben. Heute ist allerdings im Gegensatz zu früher der Mensch in vielen Fällen die Hauptursache für das Aussterben von Arten. Da das Aussterben sehr viele Arten betrifft, spricht man heute auch von „Artensterben".

Atmosphäre
--> („Erdatmosphäre")

Bio:
„Bio" oder auch „öko" nennt man Produkte, die besonders um-welt- und tierfreundlich angebaut oder hergestellt worden sind.

Bodenschätze:
Bodenschätze sind Stoffe, die uns der Boden unseres Planeten zur Verfü-gung stellt. Dazu gehören zum Beispiel Kohle, Gold oder Erdöl. Für alle diese Stoffe gilt: Es gibt nur eine begrenzte Menge davon.

Chemie / chemische Substanzen:
Als „Chemie" bezeichnet man verschiedene Stoffe, die von der Industrie zusammengemischt werden. Sie sind nicht natürlich, sondern künstlich her-gestellt und schaden häufig der Umwelt (--> „Umwelt").

Entwicklungsland:
--> „Industrieland"

Erdatmosphäre:
Unsere Erde ist von einer Hülle umgeben, die aus Gasen besteht, der Atmosphäre. Ohne diese Hülle könnten wir zum Beispiel nicht einmal atmen. Sie ist also notwendig für das Leben auf der Erde.

Erderwärmung:
Durch den Klimawandel (--> „Klimawandel") steigt die Temperatur auf der Erde und es wird immer heißer. Das nennt man Erderwärmung.

Erdoberfläche:

Die Erdoberfläche ist die gesamte Fläche der Erde, mit allen Meeren, Flüssen, Seen, Wüsten und Bergen. Fast drei Viertel der Erde sind alleine von Wasser (--> „Salzwasser") bedeckt.

Erosion:

Erosion bedeutet, dass Boden abgetragen wird, zum Beispiel durch das Abholzen von Wäldern. Wenn es dann regnet, bilden sich Rinnsale, die die Erde einfach wegschwemmen, weil keine Baumwurzeln mehr da sind, um den Boden festzuhalten.

Fair Trade:

Fair Trade heißt übersetzt „fairer Handel". Die Waren, die du kaufst, wurden also unter fairen Bedingungen hergestellt. Dazu gehört zum Beispiel, dass die Bauern so bezahlt werden, dass sie von ihrem Lohn leben können.

Feinstaub:

Feinstaub ist winzig klein, man kann ihn nicht sehen. Er entsteht überall dort, wo etwas verbrannt wird, also zum Beispiel in Fabriken und Kraftwerken oder er kommt aus dem Auspuff von Autos.

Gas:

Es gibt drei Zustände, in denen sich ein Stoff befinden kann: Er kann fest sein, flüssig oder auch gasförmig – Wasser kann zum Beispiel nicht nur flüssig sein, sondern auch fest (Eis) oder gasförmig (Wasserdampf). Im Gegensatz zu festen und flüssigen Stoffen kann man Gase meist nicht sehen.

Grundwasser:

Grundwasser ist all das Wasser, das sich – durch die vielen Erd- und Steinschichten gefiltert – tief in unserem Erdboden sammelt.

Industrie:

Die Industrie produziert die meisten unserer Waren – vom Pullover bis zum Auto. Hierbei wird oft mit giftigen Stoffen gearbeitet (--> „Chemie / chemische Substanzen") und es entsteht viel Müll.

Industrieland:

Als Industrieland bezeichnet man solche Länder, die technisch und wirtschaftlich sehr weit entwickelt sind, zum Beispiel Deutschland, Frankreich und die USA. Im Gegensatz dazu gibt es auch so genannte Entwicklungsländer, in denen Landwirtschaft und Handarbeit noch eine viel größere Rolle spielen. Länder, die sich in ihrer Entwicklung auf dem Weg zum Industrieland befinden, nennt man Schwellenländer.

Klima:

Der Begriff Klima bezeichnet alle Wettervorgänge (wie zum Beispiel Temperaturen, Jahreszeiten, Niederschläge) an einem Ort oder in einer Region, die über einen längeren Zeitraum in einer bestimmten Abfolge auftreten.

Klimawandel:

Klimawandel bedeutet, dass sich das Klima auf der Erde verändert. Die Durchschnittstemperatur steigt (--> „Erderwärmung") und es gibt immer extremere Wetterlagen, zum Beispiel große Hitze und schlimme Stürme.

Kohlendioxid:

Kohlendioxid ist ein Gas (--> „Gas"), das beim Verbrennen ausgestoßen wird, aber auch wenn du ausatmest. Es wird auch CO_2 genannt.

Meeresspiegel:

Der Meeresspiegel ist das Höhenniveau der Meeresoberfläche. Er steigt durch die Erderwärmung (--> „Klimawandel") an, weil sehr viel Eis an den Polen oder von Gletschern schmilzt und so das Meerwasser zunimmt.

Methan:

Methan ist – wie CO_2 – ein Gas (--> „Gas"). Es wird zum Beispiel von pupsenden Kühen oder beim Anbau von Reis in die Luft gestoßen und verstärkt den Treibhauseffekt (--> „Treibhauseffekt").

Mikroplastik:

Als Mikroplastik bezeichnet man winzig kleine Teilchen aus Kunststoff.

Mindesthaltbarkeitsdatum:

Das Mindesthaltbarkeitsdatum gibt an, bis zu welchem Zeitpunkt ein Nahrungsmittel ohne Bedenken gegessen werden kann. Aber auch nach diesem Termin sind die meisten Lebensmittel noch essbar.

Mineralstoffe:

Mineralstoffe sind lebensnotwendige Stoffe, die unser Körper nicht selber herstellen kann. Wir nehmen sie mit unserer Nahrung auf.

Mülltrennung:

Bei der Mülltrennung werden unterschiedliche Sorten von Abfall getrennt gesammelt, damit sie besser wiederverwertet, deponiert oder verbrannt werden können.

Nachhaltigkeit:

Nachhaltigkeit bedeutet, dass man nur so viel von den natürlich vorkommenden Dingen verbraucht, wie auch wieder neu entstehen kann. Man darf zum Beispiel nicht mehr Wald abholzen, als wieder nachwachsen kann.

Natürliche Ressourcen:

Natürliche Ressourcen sind Rohstoffe (--> Rohstoff), die nicht erst hergestellt werden müssen, sondern von Natur aus bestehen. Beispiele sind Erdöl, Gold oder Fische.

Naturschutz:

Viele Organisationen kümmern sich darum, unsere Natur so zu erhalten, wie sie ist. Dazu gehört auch, die Artenvielfalt der Natur zu schützen oder wiederherzustellen und nachhaltig zu handeln (--> „Nachhaltigkeit"). Das nennt man dann Naturschutz.

Öko:

--> „Bio"

Ökostrom:

Ökostrom ist Energie, die aus erneuerbaren Energiequellen gewonnen wird, zum Beispiel aus Wind oder Wasser.

Ökosystem:

Es gibt viele verschiedene Ökosysteme – das können zum Beispiel Wälder, Flüsse oder auch Gebirgsregionen sein. In einem Ökosystem sind alle voneinander abhängig und brauchen einander zum Überleben. Wenn es zum Beispiel den Pflanzen im Wald schlecht geht, dann geht es auch schnell den anderen Waldbewohnern schlecht.

Ozonschicht:

Die Ozonschicht umhüllt die ganze Erde und schützt sie und alle ihre Lebewesen vor dem Teil der Sonnenstrahlen, der für Menschen, Tiere und Pflanzen besonders gefährlich ist, den UV-Strahlen (--> „UV-Strahlen").

Pestizide:

Pestizide sind Chemikalien (--> „Chemie / chemische Substanzen"), die Lebewesen töten. Sie werden oft von Bauern eingesetzt, um ihre Pflanzen und Felder vor bestimmten Insekten oder Pilzen zu schützen. Diese Stoffe sind aber giftig für die Umwelt (--> „Umwelt") und den Menschen.

Recycling:
Recycling bedeutet, aus alten Dingen wieder etwas Neues herzustellen, zum Beispiel aus alten Zeitungen neues Papier zu machen.

Regional:
Regional sind die Produkte, die aus der Gegend kommen, in der du wohnst.

Rodung:
Um Flächen für Häuser, Straßen oder Viehweiden zu gewinnen werden oftmals große Waldgebiete abgeholzt. Das nennt man Rodung.

Rohstoff:
Rohstoffe sind natürliche Ressourcen (--> „Natürliche Ressourcen"), die noch nicht weiterverarbeitet wurden.

Rote Liste:
Die Rote Liste ist eine Übersicht aller gefährdeten Tier- und Pflanzenarten (--> „Artensterben").

Salzwasser:
Es gibt Süßwasser und Salzwasser. Süßwasser ist das Wasser, das wir trinken können. Es enthält auch Salz, nur viel weniger als Salzwasser. Von dem vielen Wasser auf der Erde ist aber nur ein kleiner Teil Süßwasser, zum Beispiel das Grundwasser (--> „Grundwasser"), genauso wie das Wasser in Flüssen und Seen. Das gesamte Wasser der Weltmeere ist aber Salzwasser.

Saisonal:
Saisonal zu essen bedeutet, nur die Obst- und Gemüsesorten zu essen, die in deiner Gegend gerade in dieser Zeit geerntet werden können, in der du sie isst.

Saurer Regen:

Wenn Abgase (--> „Feinstaub") mit Feuchtigkeit in Verbindung kommen, lösen sich die Schadstoffe (--> „Schadstoffe") und prasseln mit dem Regen wieder auf die Erde nieder. Diesen giftigen Niederschlag nennt man „Sauren Regen".

Schadstoffe:

Unter Schadstoffen versteht man solche Stoffe, die der Umwelt (--> „Umwelt") nicht gut tun. Das sind zum Beispiel Chemikalien (--> „Chemie / chemische Substanzen"), die in unser Wasser gelangen.

Schwellenland:

--> „Industrieland"

Schwermetalle:

Schwermetalle sind eine Gruppe verschiedener Metalle. Sie gelangen – zum Beispiel durch die Industrie – in unsere Umwelt (--> „Umwelt") und sind oft schon in kleinen Mengen schädlich für Menschen und Tiere.

Süßwasser:

--> „Salzwasser"

Tote Zone:

Tote Zonen in Meeren oder Seen entstehen durch Überdüngung (--> „Überdüngung"). Ein großer Teil der Düngemittel aus der Landwirtschaft gelangt in die Gewässer. Sie fördern dort das Pflanzenwachstum und das stört das natürliche Gleichgewicht. Sterben die Pflanzen nämlich ab, sinken sie auf den Meeresgrund und werden dort zersetzt. Dadurch gibt es dann zu wenig Sauerstoff und Leben ist dort nicht mehr möglich.

Die Gewässer werden trüb und kein Sonnenlicht kann mehr an den Grund gelangen. Die Unterwasserpflanzen brauchen dieses Licht aber und sterben ab. So gibt es auch immer weniger Tiere dort unten. Die toten Reste sammeln sich auf dem Meeresboden und vergammeln. Hier ist dann kein Leben mehr möglich. So entsteht eine Tote Zone.

Treibhauseffekt:

Der Treibhauseffekt funktioniert ähnlich wie ein Gewächshaus. Die Atmosphäre (--> „Erdatmosphäre") umgibt unsere Erde, sie besteht aus Gasen (--> „Gas"). Die Sonne scheint durch diese Gase hindurch und die Sonnenstrahlen treffen auf die Erde. Hier werden sie in Wärmestrahlen umgewandelt und von der Erde wieder zurückgeworfen. Die Treibhausgase (--> „Treibhausgase") sorgen dann dafür, dass die Wärme auf der Erde bleibt (sie machen also das Gleiche, wie das Dach eines Gewächshauses). Dadurch erwärmt sich die Luft um die Erde herum.

Treibhausgase:

Die Treibhausgase (--> „Gas") sorgen dafür, dass nicht die ganze Wärme, die durch die Sonnenstrahlen auf der Erde entsteht, wieder entweicht. Würden sie fehlen, wäre es auf unserem Planeten bitterkalt. Je mehr Treibhausgase übrigens in der Atmosphäre (--> „Erdatmosphäre") sind, desto stärker ist der Treibhauseffekt (--> „Treibhauseffekt") und desto wärmer wird es auf der Erde. Die Treibhausgase, die wir Menschen in die Luft blasen, verstärken den natürlichen Treibhauseffekt und es wird immer wärmer (--> „Erderwärmung", --> „Klimawandel").

Überdüngung:

Überdüngung bedeutet, dass zu viel gedüngt wird. Die Bauern düngen fleißig ihre Felder mit Kunstdünger oder Gülle, um den Pflanzen beim Wachsen zu helfen. Das be-

lastet zunächst den Boden. Beim nächsten Regen gelangt dann der überschüssige Dünger in die Gewässer und stört dort das natürliche Gleichgewicht. Es können sogar so genannte Tote Zonen entstehen (--> „Tote Zone").

Überfischung:

Überfischung bedeutet, dass mehr Fisch gefangen wird, als von Natur aus nachkommen kann (--> „Nachhaltigkeit"). So sind viele Fischarten vom Aussterben bedroht (--> „Artensterben"), wie zum Beispiel einige Thunfisch- und Hai-Arten.

Verdunstung:

Als Verdunstung bezeichnet man den Vorgang, wenn Wasser von dem flüssigen Zustand in den gasförmigen Zustand wechselt (--> „Gas"). Das geschieht zum Beispiel, wenn wir Wasser in einem Topf erhitzen und es dampft.

Versalzung:

In trockenen Regionen müssen Pflanzen besonders stark künstlich bewässert werden. Das geschieht mit Süßwasser (--> „Salzwasser"), das aber auch Salz enthält. Wenn es verdunstet, bleibt das Salz im Boden hängen und er wird immer salziger. Dort können dann kaum noch Pflanzen wachsen.

Virtuelles Wasser:

Als virtuelles Wasser bezeichnet man das Wasser, das gebraucht wird, um ein Produkt und alle seine Zutaten oder Einzelteile herzustellen. Wie viel das ist, ist erstmal nicht einfach zu erkennen, sondern muss kompliziert errechnet werden.

Was tut dieses Buch für die Umwelt?

Die Produktion eines Buches belastet immer auch die Umwelt – selbst dann, wenn es ein Buch ist, das eigentlich dabei helfen möchte, die Umwelt zu schützen.

Damit dieses Buch aber so wenig wie möglich die Umwelt belastet, haben wir versucht, bei allen Arbeitsschritten der Buchentstehung möglichst umweltschonend vorzugehen und so einen möglichst großen Beitrag zum Klima- und Umweltschutz zu leisten. Was wir dabei alles beachtet haben, erfärst du hier:

Hier bei uns im rap verlag haben wir all die vielen Texte und Tipps für kleine Weltretter redaktionell zusammengestellt. Dabei wurden zum Beispiel unsere Entwürfe auf Recyclingpapier gedruckt, im gesamten Verlag wurde systematisch Energie gespart und bei den vielen Redaktionssitzungen wurde ökologischer Fair-Trade-Kaffee mit regionaler Bio-Milch getrunken.

Auch bei der Herstellung des Buches haben wir auf höchste Umweltstandards geachtet. Das Papier ist nach den strengen Regeln des FSC® und des Blauen Engel zertifiziert. Bei der Herstellung des Papiers wurden keine giftigen Chemikalien oder Zusatzstoffe verwendet und viel weniger Energie und Wasser verbraucht als bei herkömmlichem Papier. Das verringert auch den CO_2-Ausstoß deutlich.

Printed in Germany

Unsere Druckerei, die „Der kleine Weltretter" gedruckt hat, gehört zu den umweltfreundlichsten Druckereien in ganz Europa.

Sie verwendet Druckfarben auf Pflanzenölbasis und die modernen Druckmaschinen verbrauchen besonders wenig Energie. Die Druckerei setzt ausschließlich Ökostrom ein, der zu großen Teilen direkt vor Ort selbst erzeugt wird.

Climate Partner °
klimaneutral
Druck | ID: 11339-1411-1008

Zusätzlich werden unvermeidliche CO_2-Emissionen durch ein tolles Waldschutzprojekt in Mosambik kompensiert. Um mehr darüber zu erfahren, kannst du ganz einfach im Internet die Kontrollnummer unter dem Label „klimaneutral gedruckt" nachverfolgen.

Aber auch an den Weg des fertigen Buches bis in die Buchhandlung oder zu dir nach Hause haben wir gedacht: Wir verwenden ausschließlich recyclingfähiges Verpackungsmaterial, und davon so wenig wie möglich, um Müll zu vermeiden. Und wir verschicken die Bücher umweltfreundlich und klimaneutral über unseren Logistik-Partner.

Mit all diesen Maßnahmen möchten wir dafür sorgen, dass dieses Buch der Umwelt und unserem Klima nicht schadet. Wenn dir das Buch gefällt und du viele Tipps umsetzt, sind wir aber besonders stolz. Denn dann trägt das Buch seinen Titel zurecht: „Der kleine Weltretter".